Sabine Stehr

Das Übungsheft Lesen 3

Lesetraining und Leseverständnis

Name: ______________________________

Klasse: __________

Mein Lesemeister-Pass

Lesemeister	Seite	Datum	Anzahl der richtigen Antworten	Wie leicht fiel mir das? ☺ 😐 ☹
1	14			
2	24			
3	34			
4	44			
5	54			
6	62			

Mildenberger

Inhaltsverzeichnis

Seite

Zaubersprüche aus dem Hexenbuch für Anfänger
wortgenau lesen; Aussagen zum Text überprüfen; Textverständnis übertragen und anwenden ... 4

Experiment: Das magische Ei
passende Überschriften finden; Text und Bild zuordnen; Einzelinformationen entnehmen; Aussagen zum Text überprüfen; zeitliche Abfolge des Textes überprüfen ... 6

Hannas Gruselparty
Einzelinformationen entnehmen; wortgenau lesen; einen Text anhand von Bildern rekonstruieren ... 8

Der Zauberer von Oz
Einzelinformationen entnehmen; Aussagen zum Text überprüfen; wortgenau lesen; Textverständnis anwenden ... 10

Magische Pflanzen – Zauberkräfte der Natur
passende Überschriften finden; Einzelinformationen entnehmen; Aussagen zum Text überprüfen; Textverständnis übertragen und anwenden 12

Der 1. Lesemeister ... 14

Lese-Bonbon: Hexen-Rätsel ... 15

Potilla – von Cornelia Funke
wortgenau lesen; Aussagen zum Text überprüfen; Text und Bild zuordnen; zeitliche Abfolge im Text überprüfen; Einzelinformationen entnehmen ... 16

Kennst du diese Zauberer?
passende Überschriften finden; wortgenau lesen; Aussagen zum Text überprüfen; Text und Bild zuordnen ... 18

Schlossgespenst gesucht
Einzelinformationen entnehmen; wortgenau lesen; Aussagen zum Text überprüfen; Textverständnis übertragen und anwenden ... 20

Die Suche nach dem Wunschbaum
einer Wegbeschreibung folgen; wortgenau lesen; Aussagen zum Text überprüfen; Einzelinformationen entnehmen ... 22

Der 2. Lesemeister ... 24

Lese-Bonbon: Luzias Verwandlung ... 25

Lenis Geisterschrift
wortgenau lesen; Einzelinformationen entnehmen; Text und Bild zuordnen; zeitliche Abfolge im Text überprüfen ... 26

Fix-weg-Zaubertee
Einzelinformationen entnehmen; passende Überschriften finden; Aussagen zum Text überprüfen ... 28

Das Orakel von Delphi
wortgenau lesen; gezielt Informationen entnehmen; Aussagen zum Text überprüfen ... 30

Zauberer Ron schreibt nach Hause
passende Überschriften finden; wortgenau lesen; Einzelinformationen entnehmen; Aussagen zum Text überprüfen; gezielt Informationen entnehmen ... 32

Der 3. Lesemeister ... 34

Lese-Bonbon: Zauberstäbe für alle! ... 35

Inhaltsverzeichnis

Seite

Werwolf Wolli
Text und Bild zuordnen; wortgenau lesen; Einzelinformationen entnehmen; Aussagen zum Text überprüfen 36

Hexen-TÜV
wortgenau lesen; Text und Bild zuordnen; Aussagen zum Text überprüfen; gezielt Informationen entnehmen 38

Wasser als Verwandlungskünstler
passende Überschriften finden; gezielt Informationen entnehmen; Einzelinformationen entnehmen; wortgenau lesen; Aussagen zum Text überprüfen 40

Der verschwundene Stift
wortgenau lesen; gezielt Informationen entnehmen; einen Text anhand von Bildern rekonstruieren; Einzelinformationen entnehmen 42

Der 4. Lesemeister 44

Lese-Bonbon: Einhorn im Zauber-Labyrinth 45

Zaubertrick zum Nachmachen
passende Überschriften finden; Einzelinformationen entnehmen; Text und Bild zuordnen; zeitliche Abfolge im Text überprüfen; Aussagen zum Text überprüfen 46

Der Zauberstab
wortgenau lesen; gezielt Informationen entnehmen; Textverständnis übertragen und anwenden 48

Verzaubert
Text und Bild zuordnen; gezielt Informationen entnehmen; Aussagen zum Text überprüfen; Einzelinformationen entnehmen 50

Verwandlungskünstler im Tierreich
Einzelinformationen entnehmen; wortgenau lesen; Text und Bild zuordnen; Aussagen zum Text überprüfen; gezielt Informationen entnehmen 52

Der 5. Lesemeister 54

Lese-Bonbon: Waldemars Kaninchen 55

Erschreckt!
passende Überschriften finden; gezielt Informationen entnehmen; einen Text anhand von Bildern rekonstruieren; Aussagen zum Text überprüfen 56

Zauberschrift
Einzelinformationen entnehmen; gezielt Informationen entnehmen; Textverständnis übertragen und anwenden 58

Eine zauberhafte Pflanze
gezielt Informationen entnehmen; Einzelinformationen entnehmen; Textverständnis übertragen und anwenden 60

Der 6. Lesemeister 62

Lese-Bonbon: Freimaurer-Code 63

Lese-Sahnebonbon: Zaubertränke einsortieren 64

Textsortenregister

Erzähltexte	Sachtexte	Beschreibungen / Anleitungen	Gebrauchstexte	Gedichte
Seite 8, 16, 26, 32, 42, 48, 56	Seite 6, 14, 30, 40, 52, 58	Seite 22, 36, 46, 62	Seite 10, 12, 18, 20, 24, 28, 34, 38, 44, 54, 60	Seite 4, 50

Zaubersprüche aus dem Hexenbuch für Anfänger

1. Hokus Pokus Fliegenzauber
   hexe alles wieder sauber
2. Hokus Pokus Euleweiß
   her mit dem Spaghettieis
3. Hokus Pokus Werwolfwade
   Spinat schmeckt nun nach
   Schokolade
4. Hokus Pokus Fledermaus
   morgen fällt die Schule aus
5. Hokus Pokus Bienenwaben
   erledigt sind die Hausaufgaben
6. Hokus Pokus Adlerduft
   ich kann fliegen durch die Luft
7. Hokus Pokus Mäuseteile
   mein Fahrrad ist jetzt wieder heile
8. Hokus Pokus Hamsterdreck
   der Schnupfen ist schon wieder weg

1 Welche dieser Wörter stehen genau so im Text? Kreuze an.

☐ Friedenszauber	☐ Spaghettieis	☐ Spinat
☐ Schokolade	☐ Fledermaus	☐ Hausaufgabenheft
☐ Lift	☐ Mausteile	☐ Rad
☐ Hamsterrad	☐ Schnupfen	☐ verschwunden

2 Streiche die falschen Aussagen durch.

Ein Spruch zaubert, dass Schokolade nach Spinat schmeckt.

Durch einen der Sprüche kann man fliegen.

Das Buch ist für Hexen geschrieben, die schon gut zaubern können.

Man kann zaubern, dass am nächsten Tag die Schule ausfällt.

3 Wer benutzt dieses Buch? Vervollständige den Satz.

Dieses Buch wird von ______________ benutzt.

4 Welcher Zauberspruch hilft?
Trage die richtige Nummer ein.

Experiment: Das magische Ei

Möchtest du mal ein Ei zum Schweben bringen? Ganz einfach. Du brauchst ein kleines, rohes Ei. Lege es in ein Glas und gib Wasser dazu. Das Ei bleibt zunächst unten liegen. Streue nun zwei Esslöffel Salz ins Wasser. Rühre vorsichtig um, so dass sich das Salz auflöst. Wie durch Zauberei beginnt das Ei mit einem Mal zu schweben. Aber natürlich ist keine echte Magie im Spiel. Das ist der Auftrieb. Das Ei schwimmt, weil sein Auftrieb im Salzwasser größer ist als im Süßwasser.

1 Welche Überschriften würden auch passen? Kreuze an.

- ☐ Das schwebende Ei
- ☐ Salzkristalle selber züchten
- ☐ Experiment zum Auftrieb
- ☐ Magischer Magnetismus

2 Welches Bild passt zum Text? Kreuze an.

3 Welche Dinge brauchst du für dieses Experiment? Kreuze an.

- [ ] Glas, Löffel, Salz, Wasser, gekochtes Ei
- [ ] Salz, rohes Ei, Wasser, Glas, Löffel, Folie
- [ ] Wasser, Glas, Löffel, Salz, rohes Ei

4 Kreuze die richtige Aussage an.

- [ ] Das Ei im ungesalzenen Wasser beginnt zu schweben.
- [ ] Das Ei im Salzwasser bleibt auf dem Boden.
- [ ] Wenn sich das Salz auflöst, beginnt das Ei zu schweben.

5 Vervollständige den Satz.

Da der ______________ im Salzwasser größer ist, schwimmt das Ei.

6 Welche ist die richtige Reihenfolge? Kreuze an.

- [ ] Salz ins Wasser geben, Ei ins Glas legen, umrühren
- [ ] Ei ins Glas legen, Salz ins Wasser geben, umrühren
- [ ] umrühren, Ei ins Glas legen, Salz ins Wasser geben

Hannas Gruselparty

Hanna feiert eine Gruselparty. Sie hat gruselige Grimassen in Kürbisse geschnitzt und anschließend Spinnennetze mit Fingerfarbe an die Fenster gemalt. Dann hat sie sich ein Gruselkostüm gebastelt. Die anderen werden eine Gänsehaut bekommen. Hanna ist nämlich als schaurige Mumie verkleidet. Von oben bis unten hat sie sich in Toilettenpapier eingewickelt. Es klingelt. Hanna öffnet die Tür. Da stehen Zarah, Leni, Malte und Umut. Aber niemand erschrickt. Alle lachen, denn die anderen vier haben sich zufällig auch als Mumien verkleidet. Na sowas.

1 Wie viele Mumien gibt es auf Hannas Party? Kreise ein.

4 5 6 3

2 Lies genau und vergleiche. Welchen Satz findest du genau so im Text? Kreuze an.

- ☐ Hanna ist nämlich als schaurige Murmel verkleidet.
- ☐ Hanna ist nämlich als schlaue Mumie verkleidet.
- ☐ Hanna ist nämlich als schaurige Mumie verkleidet.
- ☐ Hanna ist nämlich als schaurige Mumie verkleinert.

3 Nummeriere die Bilder von 1 bis 4 in der richtigen zeitlichen Reihenfolge.

4 Welche Partyvorbereitungen trifft Hanna? Was wird im Text erwähnt? Kreuze an.

☐ Hanna kocht einen Gruselpudding.

☐ Sie schnitzt Grimassen in Kürbisse.

☐ Hanna stellt Kerzen auf.

☐ Sie malt Spinnweben an die Wand.

5 Womit malt Hanna die Spinnennetze an das Fenster?

Sie malt mit ____________________.

Die Theater-AG der Karlschule Mannheim präsentiert:

Dorothy wacht nach einem Wirbelsturm im Zauberland Oz auf. Doch wie kommt sie wieder nach Hause? Das weiß angeblich nur der große Zauberer von Oz. Eine abenteuerliche Suche beginnt, bei der Dorothy von einem ängstlichen Löwen, einem Blechmann und einer Vogelscheuche begleitet wird.

Vorstellungen: 10. Oktober 17 Uhr, 11. Oktober 16 Uhr und 19 Uhr

Karten sind für 2,50 Euro im Vorverkauf im Sekretariat erhältlich.

Die Aufführungen finden in der Aula der Karlschule statt.

1 Wie viele Vorstellungstage gibt es insgesamt?

Es gibt ____________ Vorstellungstage.

2 Streiche die falschen Aussagen durch.

- Dorothy wacht nach einem Wirbelsturm in Australien auf.
- Sie sucht den Zauberer von Oz.
- Dorothy wird nur von einer Vogelscheuche begleitet.
- Die Suche nach dem Zauberer von Oz ist abenteuerlich.

3 Welche W-Fragen beantwortet der Flyer? Kreuze an.

- ☐ Welches Stück wird gespielt?
- ☐ Von wem wird Dorothy auf ihrer Suche begleitet?
- ☐ Wo kann man die Karten kaufen?
- ☐ Wer spielt die Rolle der Dorothy?
- ☐ Wann fängt die Vorstellung an?
- ☐ Wie viele Karten werden verkauft?

4 Was siehst du auf dem Bild? Kreuze an.

- ☐ eine Vogelscheuche mit einem Strohhut auf dem Knopf
- ☐ eine Vogelscheune mit einem Strohhut auf dem Kopf
- ☐ eine Vogelscheuche mit einem Strohhut auf dem Topf
- ☐ eine Vogelscheuche mit einem Strohhut auf dem Kopf
- ☐ eine Vogelscheuche mit keinem Strohhut auf dem Kopf

5 Umut kauft für sich, Leni und Hanna Eintrittskarten für die Vorstellung. Wie viel muss er bezahlen?

Umut muss ______ Euro bezahlen.

Magische Pflanzen – Zauberkräfte der Natur

Im Mittelalter galt das Wissen über Kräuter und deren heilende Wirkung als Magie.

Pflanzen	Wirkung
Fenchel	ist gut gegen Magenschmerzen, Blähungen und Husten
Holunder	hilft bei Fieber und Grippe
Kamille	lindert Magenbeschwerden und Entzündungen im Nasenraum
Lavendel	wirkt beruhigend, hilft bei Schlaflosigkeit
Melisse	ist krampflösend und schmerzstillend
Salbei	hilft bei Entzündungen im Rachenbereich

1 Welche Überschrift passt noch? Kreuze an.

☐ Heilpflanzen und ihre Wirkung

☐ Die besten Kochrezepte mit Heilpflanzen

☐ Pflanzen mit heilender Wirkung und wo man sie findet

2 Vervollständige den Satz.

Das Wissen über Kräuter galt im ________________ als Magie.

3 Wie viele der Pflanzen oben helfen gegen Entzündungen? Kreise ein.

1 2 3 4

4 Stimmen die Aussagen oder nicht?
Kreuze an.

	Stimmt	Stimmt nicht
Kamille wirkt gegen Magenschmerzen.	☐	☐
Melisse verursacht Krämpfe.	☐	☐
Fenchel ist ein Mittel gegen Husten.	☐	☐
Lavendel hilft gegen Müdigkeit.	☐	☐

5 Welche Pflanzen helfen? Trage ein.

Hier hilft: ____________

Hier hilft: ____________

Hier hilft: ____________

Hier hilft: ____________

Der 1. Lesemeister

15 min

Merlin, der Zauberer

Einer der berühmtesten Zauberer ist sicherlich Merlin. Merlin war Wahrsager und weiser Zaubermeister. Bekannt wurde er durch die Sage um König Artus. Der Legende nach steckte Merlin das magische Schwert Caliburn in einen Stein. Dann sagte er voraus, dass nur der wahre Herrscher des Landes es herausziehen könne. Viele Ritter versuchten es erfolglos. Doch dann kam Artus. Problemlos zog er das Schwert heraus und wurde König. Merlin wurde nicht nur Magier an Artus' Hof, sondern auch sein Ratgeber.

1 Welche Wörter stehen genau so im Text? Kreuze an.

- [ ] Zauber
- [ ] Wahrsager
- [ ] Sagen
- [ ] Schwert
- [ ] Stein
- [ ] hinaufziehen
- [ ] Reiter
- [ ] König

2 Kreuze die richtige Aussage an.

- [ ] Merlin zog das magische Schwert aus dem Stein.
- [ ] Viele Ritter schafften es nicht, Caliburn aus dem Stein zu ziehen.
- [ ] Artus war zum Schluss Hofmagier an Merlins Hof.

3 Ergänze den Satz:

Wer Caliburn aus dem Stein zieht, sollte ______________ des Landes werden.

Du hast ____ von 6 Antworten richtig.

Lese-Bonbon

1 Trage die passenden Lösungen in das Gitterrätsel ein.

1. Ein Tier, das einem Frosch sehr ähnlich sieht. Es reimt sich auf „Flöte“.
2. Ein länglicher Gegenstand, den ein Magier schwingt.
   Er ist bei Zauberkünstlern oft schwarz und weiß.
3. Hexen tun dies auf ihrem Besen. Es reimt sich auf „gleiten“.
4. Einige Hexen haben sie im Gesicht. Sie ist ein Geschwulst, nicht
   besonders schön und manchmal sogar grün.
5. In diesem großen Behälter rühren Hexen ihren Zaubertrank an.
   Oft steht er über dem Feuer.

2 Wenn du die Buchstaben in den markierten Kästchen zusammenfügst, erhältst du das Lieblingstier vieler Hexen.

Es ist die ______________.

Potilla – von Cornelia Funke

Arthurs Ferien sind alles andere als langweilig. Bei einem Waldspaziergang lernt er eine echte Feenkönigin kennen: Potilla. Doch die kleine Fee ist ziemlich verzweifelt. Ein Unhold hat ihrem Volk die Feenmützen gestohlen. Ohne diese Mützen können die Feen nicht zurück in ihre Heimat, den Feenberg, gelangen. Arthur freundet sich mit Potilla an und beschließt, ihr zu helfen. Zusammen machen sie sich auf eine spannende Reise mit dem Ziel, die Mützen zurückzuerobern.

1 Welcher Satz steht genau so im Text? Kreuze an.

- ☐ Ein Ungeheuer hat ihrem Volk die Feenmützen gestohlen.
- ☐ Ein Unhold hatte ihrem Volk die Feenmützen gestohlen.
- ☐ Ein Unhold hat ihrem Volk die Feenmützen gestohlen.
- ☐ Ein Unhold hat ihrem Vater die Feenmützen gestohlen.

2 Stimmen die Aussagen oder nicht?

	Stimmt	Stimmt nicht
Arthurs Ferien sind sehr langweilig.	☐	☐
Arthur lernt Potilla zu Hause kennen.	☐	☐
Potilla ist die Feenkönigin.	☐	☐
Potilla hat die Feenmützen gestohlen.	☐	☐
Arthur und Potilla werden Freunde.	☐	☐

3 Welches Bild passt zum Text? Kreuze an.

☐

☐

☐

4 In welcher zeitlichen Reihenfolge geschehen die Ereignisse? Kreuze an.

☐ Arthur trifft Potilla. Die Mützen werden gestohlen. Arthur will Potilla helfen.
☐ Die Mützen werden gestohlen. Arthur trifft Potilla. Arthur will Potilla helfen.
☐ Arthur will Potilla helfen. Arthur trifft Potilla. Die Mützen werden gestohlen.

5 Welche W-Fragen beantwortet der Text? Kreuze an.

☐ Wo lernen sich Arthur und Potilla kennen?
☐ Wie viele Feenmützen sind gestohlen worden?
☐ Wer hat die Feenmützen gestohlen?
☐ Warum wurden die Feenmützen gestohlen?
☐ Wie bekommen Arthur und Potilla die Mützen zurück?

Kennst du diese Zauberer?

Zauberer	Buch	Besonderheit
Catweazle	Catweazle	Ein missglückter Zauberspruch katapultiert ihn vom Mittelalter ins 20. Jahrhundert.
Gargamel	Die Schlümpfe	Er versucht ständig, Gold herzustellen. Dafür benötigt er die Hilfe vieler Schlümpfe.
Miraculix	Asterix-und-Obelix-Comics	Er kann einen Zaubertrank brauen, der übermenschliche Kräfte verleiht.
Petrosilius Zwackelmann	Räuber Hotzenplotz	Er kann eine Fee in eine Unke verwandeln, aber nicht die Schale von den Kartoffeln zaubern.

1 Welche Überschriften passen noch? Kreuze an.

- [ ] Bekannte Zauberer und Hexen
- [ ] Die zehn bekanntesten Zauberer
- [ ] Bekannte Magier
- [ ] Berühmte Zauberer

2 Was siehst du auf dem Bild? Kreuze an.

- [ ] Ein Magier rührt in einem Käse einen Zaubertrank an.
- [ ] Ein Marder rührt in einem Kessel einen Zaubertrank an.
- [ ] Ein Magier rührt in einem Kessel einen Zaubertrank an.

3 Warum landet Catweazle in der heutigen Zeit?

Er landet in der Gegenwart, weil sein Zauberspruch ______________.

passende Überschriften finden; wortgenau lesen

4 Kreuze die richtige Aussage an.

- [ ] Die Schlümpfe versuchen Gold herzustellen.
- [ ] Gargamel ist der Zaubermeister aus den Asterix-und-Obelix-Comics.
- [ ] Catweazle stammt ursprünglich aus dem Mittelalter.

5 Von wem stammt welche Aussage? Trage den richtigen Namen ein.

Aussage: „Ich habe einen Zeitsprung gemacht."

Diese Aussage stammt von ______________.

Aussage: „Durch meinen Zaubertrank werden alle unheimlich stark."

Diese Aussage stammt von ______________.

Aussage: „Ich habe eine Fee verzaubert."

Diese Aussage stammt von ______________________________.

Aussage: „Ich brauche unbedingt Schlümpfe, um Gold zu machen."

Diese Aussage stammt von ______________.

6 Welches Zauberbuch ist unten zu sehen? Kreuze an.

- [ ] ein großes, rotes Zauberbuch mit schwarzen Ecken und goldener Schrift
- [ ] ein dickes Zauberbuch mit verschnörkelter, roter Schrift und roten Ecken
- [ ] ein Buch, auf dem ein Magier mit blauem Umhang und Hut zu sehen ist

Schlossgespenst gesucht

Zur Unterhaltung unserer Hotelgäste
suchen wir zum 1. Januar

ein erfahrenes Gespenst,

das spuken, heulen, mit Ketten rasseln,
schweben, Dinge verschwinden lassen
und anderen Angst einjagen kann.

Die Arbeitszeiten sind täglich
von 0 Uhr bis 1 Uhr nachts.

Voraussetzungen sind ein Mindestalter
von einhundert Jahren und eine fünfjährige
Berufserfahrung im Bereich Spuken
und Erschrecken.

Interessierte Gespenster melden sich bitte
direkt im Büro des Schlosshotels
Schauerstein bei Frau Schlottermann.

1 Was muss das gesuchte Gespenst können? Kreuze richtig an.

☐ spuken, heilen, mit Ketten rasseln, schweben

☐ heulen, spuken, schweigen, Dinge verschwinden lassen

☐ anderen Angst einjagen, spuken, heulen, schweben

☐ mit Ketten rasseln, schweben, Dinge verschwenden

2 Vervollständige den Satz.

Gespenster, die Interesse an dieser Arbeit haben,
sollen sich im ______ des Schlosshotels melden.

3 Streiche die falsche Aussage durch.

Das Schlosshotel Schauerstein sucht ein Schlossgespenst.

Das Gespenst soll die Hotelgäste unterhalten.

Das Schlossgespenst muss täglich eine halbe Stunde arbeiten.

Das Gespenst soll fünf Jahre in diesem Beruf gearbeitet haben.

4 Welches Gespenst ist für die Stelle geeignet? Kreuze an.

☐ Ich bin einhundert Jahre alt und spuke seit vier Jahren in Burg Düsterfels. Davor war ich dort Koch. Jetzt würde ich gerne in Schloss Schauerstein arbeiten.

☐ Seit zehn Jahren erschrecke ich Leute in der Geisterbahn. Nun würde ich gerne als Schlossgespenst arbeiten. Ich werde im Januar einhundertundein Jahre alt.

☐ Die letzten zweihundert Jahre habe ich in Großburgwedel gespukt. Jetzt möchte ich in einem Schloss Leute erschrecken. Ich könnte im Februar anfangen.

Die Suche nach dem Wunschbaum

Bei einer Schlossbesichtigung findet Lea in einer verwinkelten Ecke einen Zettel. Darauf steht: „Wenn du zum Wunschbaum gelangen willst, nimm den Weg vom Schloss, der weder am Stall noch an der Pilzwiese vorbeiführt. Biege nach der Hütte mit dem roten Dach links ab. Gehe an der Abzweigung nach rechts, über die Brücke, und folge dem Weg, der zwischen Fels und Fluss entlangführt. Der zweite Baum hinter dem Felsen ist der Wunschbaum.“

1 Wo ist der Wunschbaum? Kreise ihn auf der Karte ein.

2 Wo findet Lea den Zettel? Kreuze an.

☐ in einer verwinkelten Ecke ☐ in einer verwinkelten Hecke

3 Welcher Satz steht genau so im Text? Kreuze an.

- [ ] Der zweite Baum vor dem Felsen ist der Wunschbaum.
- [ ] Der zweite Baum hinter dem Felsen ist der Wunschtraum.
- [ ] Der zweite Baum hinter dem Felsen ist der Wunschbaum.
- [ ] Der zweite Baum hinter den Felsen ist der Wunschbaum.

4 Schau dir die Karte an. Streiche die falschen Aussagen durch.

Die Pilzwiese befindet sich zwischen Turm und Stall.

Auf der Karte sind vier Felsen zu sehen.

Verlässt man das Schloss, kann man vier verschiedene Wege wählen.

Oben auf dem Turm ist ein Kranz angebracht.

Fünf der Häuser haben kein rotes Dach.

5 An welchen Dingen kommt man auf dem Weg zum Wunschbaum vorbei? Kreuze die richtige Liste an.

- [ ] Stall, Haus mit rotem Dach, Brücke, Fels
- [ ] Turm, Brücke, Fluss, Fels
- [ ] Pilzwiese, Fels, Fluss, Brücke

15 min

Wir laden ein zum schaurigen Schulfest in der Marienschule

Kürbisschnitzen, Gespensterrallye,
Monstermasken basteln,
Kostümwettbewerb (die gruseligste Verkleidung gewinnt),
großes Halloweenbüffet mit Spinnensuppe, Vampirblut,
Schleimpudding und Wurstmumien

am 31.10., 17 – 19 Uhr
in der Marienschule, Blumenstraße 2
Der Eintritt ist frei!

1 Wie lange dauert das Schulfest?

Das Fest dauert ______ Stunden.

2 Kreuze die richtigen Aussagen an.

☐ Beim Schulfest am 30.10. gibt es eine Gespensterrallye.
☐ Das schaurige Schulfest findet in der Marienschule statt.
☐ Wer sich am gruseligsten verkleidet, gewinnt den Kostümwettbewerb.

3 Welche Worte stehen genau so im Text? Kreuze an.

☐ Kürbisschlitzen	☐ basteln	☐ Kostümwettbewerb
☐ Spinnersuppe	☐ Blusenstraße	☐ Eintritt

Du hast ______ von 6 Antworten richtig.

Lese-Bonbon

1 In welches Tier hat sich Zaubermeisterin Luzia verwandelt?
Kreise die Silben des Lösungswortes ein.

Die erste Silbe findest du in der Krone des Laubbaums mit den dunkelgrünen Blättern, der neben einem Baumstumpf steht.

Die zweite Silbe steckt im Hut des Pilzes mit dem roten Stängel. Der Pilzhut ist gelb und hat rote Punkte.

Die dritte Silbe versteckt sich in einer Blüte, die zwischen einem Pilz mit rotem Hut und einer Tanne steht.

Die vierte Silbe liegt im Gras unter einem Nadelbaum mit Tannenzapfen.

2 Trage die Lösung ein.
Luzia hat sich in einen ________ verwandelt.

3 Finde Luzia auf dem Bild und kreise sie ein.

Lenis Geisterschrift

Nach dem Duschen schreibt Leni mit dem Finger: **Hallo! Ich bin ein Geist** auf den beschlagenen Spiegel. Nach dem Fönen ist alles verschwunden. Aber Leni weiß, dass die Schrift wieder sichtbar wird, wenn der Nächste duscht. Das ist ihr Bruder. Ob er sich wohl erschreckt? Leni wartet ab, hört aber nichts von ihm. Als er aus dem Bad geht, huscht sie hinein. Die Scheiben sind noch beschlagen. Allerdings sind Lenis Worte weggewischt. Dafür steht nun: **Leni, du bist kein Geist. Du gehst mir nur manchmal auf den Geist** an der Scheibe. Leni rümpft die Nase und im Hintergrund kichert ihr Bruder.

1 Welcher Satz steht genau so im Text? Kreuze an.

- ☐ Leni rümpft die Nase und im Hinterhof kichert ihr Bruder.
- ☐ Leni rümpft die Nase und im Hintergrund kichert ihr Bruder.
- ☐ Leni rügt die Nase und im Hintergrund kichert ihr Bruder.
- ☐ Leni rümpft die Nase und im Hintergrund kickt ihr Bruder.

2 Vervollständige die Sätze.

Leni schreibt auf einen ______________ Spiegel.

Bevor Leni auf den Spiegel schreibt, hat sie ______________.

3 Welche W-Fragen beantwortet der Text? Kreuze an.

- ☐ Was schreibt Leni an den Spiegel?
- ☐ Wer duscht nach Leni?
- ☐ Wie lange duscht Lenis Bruder?
- ☐ Wie reagiert Leni, als sie sieht, was ihr Bruder geschrieben hat?

4 Welches Bild passt zum Text? Kreuze an.

5 In welcher zeitlichen Reihenfolge passieren die Ereignisse?
Kreuze die richtige Reihenfolge an.

- ☐ Lenis Bruder duscht. Leni ärgert sich. Leni schreibt an den Spiegel.
- ☐ Leni ärgert sich. Leni schreibt an den Spiegel. Lenis Bruder duscht.
- ☐ Leni duscht. Leni ärgert sich. Leni schreibt an den Spiegel.
- ☐ Leni duscht. Leni schreibt an den Spiegel. Lenis Bruder duscht.

Fix-weg-Zaubertee

Zaubermittel zur Herbeiführung von Unsichtbarkeit

Vor Licht und Feuchtigkeit geschützt lagern!

Zutaten:

Krötenkraut, Mondgras, Elfenhaarpulver, Alraunenblüten, geriebene Schlangenschuppen

Art der Anwendung:

für sofortige Unsichtbarkeit eine Tasse des folgenden Teeaufgusses schluckweise, im Uhrzeigersinn gehend, trinken: 3 TL Fix-weg-Tee mit kochendem Wasser übergießen und nach 30 min durch ein Teesieb gießen.

1 Welche Dinge braucht man zum Herstellen des Zaubertees? Kreuze an.

- ☐ Fix-weg-Zauberteemischung, Wasser, Sieb
- ☐ Fix-weg-Zauberteemischung, Wasser, Zucker, Sieb
- ☐ Fix-weg-Zauberteemischung, Wein, Sieb

2 Welche anderen Bezeichnungen passen zum Tee? Kreuze an.

- ☐ Teemischung gegen Schnupfen
- ☐ Tee zum Unsichtbarmachen
- ☐ Verschwindetee
- ☐ Erkältungstee

3 Vervollständige den Satz.

Während man den Tee trinkt,

soll man ______________________ gehen.

4 Kreise die richtigen Zutaten für den Tee ein.

5 Stimmen die Aussagen oder nicht?

	Stimmt nicht	Stimmt
Die Teemischung verträgt Licht.	☐	☐
Man soll den Tee schluckweise trinken.	☐	☐
Der Tee muss eine halbe Stunde ziehen.	☐	☐
Eine Tasse reicht, um unsichtbar zu werden.	☐	☐
Der Tee wird mit kaltem Wasser zubereitet.	☐	☐

Das Orakel von Delphi

Das Orakel von Delphi war im antiken Griechenland ein Ort der Weissagung. Der Gott Apollon wurde dort nach der Zukunft befragt. Antwort gab er durch eine Priesterin, die Pythia. Sie saß im Keller des Apollontempels, wahrscheinlich nahe einer Erdspalte, aus der Gase hervortraten. In Nebel gehüllt verkündete sie die Weissagungen, die anschließend gedeutet werden mussten. Manchmal wurden die Botschaften missverstanden. König Kroisos zum Beispiel wurde vorausgesagt, dass er ein großes Reich zerstören würde. Daraufhin griff er seinen Feind an. Er war sicher, dessen Reich zu vernichten. Doch er verlor. Die Weissagung bezog sich nämlich auf sein eigenes Reich.

1 Welche Worte stehen genau so im Text? Kreuze an.

- ☐ Weissagung
- ☐ Kellergewölbe
- ☐ Gase
- ☐ Zukunft
- ☐ Tempel
- ☐ Nabel
- ☐ Priester
- ☐ Erdspalte
- ☐ Feinde

2 In welchem Land befand sich das Orakel von Delphi?

Es befand sich in ____________.

3 Welcher Gott sagte dort angeblich die Zukunft voraus?

Es war der Gott ____________.

wortgenau lesen; gezielt Informationen entnehmen

4 Was siehst du auf dem Bild? Kreuze an.

☐ Eine griechische Priesterin sitzt in einem vernebelten Keller.

☐ Eine kriechende Priesterin sitzt in einem vernebelten Keller.

☐ Eine griechische Priesterin schwitzt in einem vernebelten Keller.

☐ Eine griechische Preisträgerin sitzt in einem vernebelten Keller.

5 Streiche die falschen Aussagen durch.

- Das Orakel von Delphi war ein Ort der Weissagung.
- Die Priesterin, die die Weissagungen verkündete, hieß Pythia.
- Die Pythia saß in einem Turm im Apollontempel.
- Die Weissagungen waren immer eindeutig.
- König Kroisos hat die Botschaft des Orakels falsch verstanden.

6 Was wird im Text erwähnt?

☐ Die Priesterin verkündete ihre Botschaften in Nebel gehüllt.

☐ Wer die Zukunft vorausgesagt bekam, musste Geld zahlen.

☐ Die Pythia war eine sehr alte Frau.

☐ Aufgrund der Weissagung griff König Kroisos seinen Feind an.

Zauberer Ron schreibt nach Hause

Als ich heute im Zug zur Internatsschule saß, habe ich einen Jungen kennengelernt. Der ist nicht in der magischen Welt groß geworden, sondern bei Muggels. Er ist aber ein großer Magier. Als er noch ein Baby war, hat er den bösesten aller Zauberer vernichtet. Wie er das gemacht hat, weiß er aber nicht. Obwohl jeder seine Geschichte kennt, scheint er sehr nett zu sein. Ihr werdet seinen Namen schon erraten haben: Es ist Harry Potter.

1 Welche Überschriften passen noch? Kreuze an.

- ☐ Mein erstes Treffen mit Harry Potter
- ☐ Rons Brief
- ☐ Wie Harry Zauberer wurde
- ☐ Treffen mit Merlin

2 Welcher Satz steht genau so im Text? Kreuze an.

- ☐ Obwohl keiner seine Geschichte kennt, scheint er sehr nett zu sein.
- ☐ Obwohl jeder seine Geschichten kennt, scheint er sehr nett zu sein.
- ☐ Obwohl jeder seine Geschichte kennt, scheint er sehr nett zu sein.
- ☐ Obwohl jeder seine Geschichte kennt, scheint er sehr fett zu sein.

3 Vervollständige den Satz.

Harry Potter ist bei ______________ groß geworden.

Das Übungsheft Deutsch – Klasse 3

Rechtschreib- und Grammatiktraining

Das Übungsheft Deutsch begleitet die Kinder durch ein ganzes Schuljahr: Alle wichtigen Lerninhalte von Rechtschreibung und Grammatik werden spiralförmig wiederholt und vertieft.

- Jede Seite ist eine kleine abgeschlossene Lerneinheit.
- Die wichtigsten Informationen sind in „Schatzkisten" übersichtlich zusammengefasst.
- Vorher erarbeitete Lerninhalte werden in regelmäßigen Abständen beim Deutschmeister abgefragt.
- Mit Sticker-Belohnungssystem!

Das Übungsheft Deutsch 3
17 x 24 cm, 64 S., vierf., Gh, mit Stickerbogen und Lösungsheft
ISBN 978-3-619-34170-2

www.mildenberger-verlag.de/190

Das Übungsheft Rechtschreiben – Klasse 3

Methodentraining und Diktate

Hilfe zur Selbsthilfe: Nach diesem Prinzip arbeiten die Kinder im **Übungsheft Rechtschreiben**. Das Trainieren verschiedener Methoden gibt ihnen das Handwerkszeug zum richtigen Schreiben.

- Systematische Gliederung nach Rechtschreibschwerpunkten
- Diktattexte in zwei Schwierigkeitsniveaus zur Auswahl
- Mit Sticker-Belohnungssystem!

Das Übungsheft Rechtschreiben 3
17 x 24 cm, 64 S., vierf., Gh, mit Stickerbogen und Lösungsheft
ISBN 978-3-619-34171-9

www.mildenberger-verlag.de/193

Das Übungsheft Texte schreiben – Klasse 3

Grundlagen und Aufsatztraining

Auch Texte schreiben kann man lernen! Die Übungshefte Texte schreiben bieten kurze, in sich geschlossene Übungseinheiten, die dazu beitragen, Sicherheit beim Verfassen eigener Texte zu erlangen. In abwechslungsreichen Aufgaben können die Kinder Textformen wie

- Personenbeschreibung, Vorgangsbeschreibung
- Bildergeschichte
- Brief
- Erlebnis- und Fantasiegeschichte

mit Spaß, stressfrei und eigenständig trainieren.

Das Übungsheft Texte schreiben 3
17 x 24 cm, 64 S., vierf., Gh, mit Stickerbogen und Lösungsheft
ISBN 978-3-619-34173-3

www.mildenberger-verlag.de/752

4 5 6 7 8
9 10 11 12 13
15 16 17 18 19
20 21 22 23 25
26 27 28 29 30
31 32 33 35 36
37 38 39 40 41
42 43 45 46 47
48 49 50 51 52

Zaubersprüche aus dem Hexenbuch für Anfänger

1. Hokus Pokus Fliegenzauber
hexe alles wieder sauber
2. Hokus Pokus Eulenweiß
her mit dem Spaghettieis
3. Hokus Pokus Werwolfwade
Spinat schmeckt nun nach
Schokolade
4. Hokus Pokus Fledermaus
morgen fällt die Schule aus
5. Hokus Pokus Bienenwaben
erledigt sind die Hausaufgaben
6. Hokus Pokus Adlerduft
ich kann fliegen durch die Luft
7. Hokus Pokus Mäuseteile
mein Fahrrad ist jetzt wieder heile
8. Hokus Pokus Hamsterdreck
der Schnupfen ist schon wieder weg

1 Welche dieser Wörter stehen genau so im Text? Kreuze an.

- [ ] Friedenszauber
- [x] Schokolade
- [ ] Lift
- [ ] Hamsterrad
- [x] Spaghettieis
- [x] Fledermaus
- [ ] Mausteile
- [x] Schnupfen
- [x] Spinat
- [ ] Hausaufgabenheft
- [ ] Rad
- [ ] verschwunden

2 Streiche die falschen Aussagen durch.

~~Ein Spruch zaubert, dass Schokolade nach Spinat schmeckt.~~

Durch einen der Sprüche kann man fliegen.

~~Das Buch ist für Hexen geschrieben, die schon gut zaubern können.~~

Man kann zaubern, dass am nächsten Tag die Schule ausfällt.

wortgenau lesen; Aussagen zum Text überprüfen

3 Wer benutzt dieses Buch? Vervollständige den Satz.

Dieses Buch wird von Hexen benutzt.

4 Welcher Zauberspruch hilft?
Trage die richtige Nummer ein.

Textverständnis übertragen und anwenden

Experiment: Das magische Ei

Möchtest du mal ein Ei zum Schweben bringen? Ganz einfach. Du brauchst ein kleines, rohes Ei. Lege es in ein Glas und gib Wasser dazu. Das Ei bleibt zunächst unten liegen. Streue nun zwei Esslöffel Salz ins Wasser. Rühre vorsichtig um, so dass sich das Salz auflöst. Wie durch Zauberei beginnt das Ei mit einem Mal zu schweben. Aber natürlich ist keine echte Magie im Spiel. Das ist der Auftrieb. Das Ei schwimmt, weil sein Auftrieb im Salzwasser größer ist als im Süßwasser.

1 Welche Überschriften würden auch passen? Kreuze an.

- [x] Das schwebende Ei
- [ ] Salzkristalle selber züchten
- [x] Experiment zum Auftrieb
- [ ] Magischer Magnetismus

2 Welches Bild passt zum Text? Kreuze an.

passende Überschriften finden; Text und Bild zuordnen

3 Welche Dinge brauchst du für dieses Experiment? Kreuze an.

- [ ] Glas, Löffel, Salz, Wasser, gekochtes Ei
- [ ] Salz, rohes Ei, Wasser, Glas, Löffel, Folie
- [x] Wasser, Glas, Löffel, Salz, rohes Ei

4 Kreuze die richtige Aussage an.

- [ ] Das Ei im ungesalzenen Wasser beginnt zu schweben.
- [ ] Das Ei im Salzwasser bleibt auf dem Boden.
- [x] Wenn sich das Salz auflöst, beginnt das Ei zu schweben.

5 Vervollständige den Satz.

Da der Auftrieb im Salzwasser größer ist, schwimmt das Ei.

6 Welche ist die richtige Reihenfolge? Kreuze an.

- [ ] Salz ins Wasser geben, Ei ins Glas legen, umrühren
- [x] Ei ins Glas legen, Salz ins Wasser geben, umrühren
- [ ] umrühren, Ei ins Glas legen, Salz ins Wasser geben

Einzelinformationen entnehmen; Aussagen zum Text überprüfen; zeitliche Abfolge des Textes überprüfen

Hannas Gruselparty

Hanna feiert eine Gruselparty. Sie hat gruselige Grimassen in Kürbisse geschnitzt und anschließend Spinnennetze mit Fingerfarbe an die Fenster gemalt. Dann hat sie sich ein Gruselkostüm gebastelt. Die anderen werden eine Gänsehaut bekommen. Hanna ist nämlich als schaurige Mumie verkleidet. Von oben bis unten hat sie sich in Toilettenpapier eingewickelt. Es klingelt. Hanna öffnet die Tür. Da stehen Zarah, Leni, Malte und Umut. Aber niemand erschrickt. Alle lachen, denn die anderen vier haben sich zufällig auch als Mumien verkleidet. Na sowas.

1 Wie viele Mumien gibt es auf Hannas Party? Kreise ein.

4   (5)   6   3

2 Lies genau und vergleiche. Welchen Satz findest du genau so im Text? Kreuze an.

- [ ] Hanna ist nämlich als schaurige Murmel verkleidet.
- [ ] Hanna ist nämlich als schlaue Mumie verkleidet.
- [x] Hanna ist nämlich als schaurige Mumie verkleidet.
- [ ] Hanna ist nämlich als schaurige Mumie verkleinert.

3 Nummeriere die Bilder von 1 bis 4 in der richtigen zeitlichen Reihenfolge.

4 Welche Partyvorbereitungen trifft Hanna? Was wird im Text erwähnt? Kreuze an.

- [ ] Hanna kocht einen Gruselpudding.
- [x] Sie schnitzt Grimassen in Kürbisse.
- [ ] Hanna stellt Kerzen auf.
- [ ] Sie malt Spinnweben an die Wand.

5 Womit malt Hanna die Spinnennetze an das Fenster?

Sie malt mit Fingerfarbe.

Die Theater-AG der Karlschule Mannheim präsentiert:

Dorothy wacht nach einem Wirbelsturm im Zauberland Oz auf. Doch wie kommt sie wieder nach Hause? Das weiß angeblich nur der große Zauberer von Oz. Eine abenteuerliche Suche beginnt, bei der Dorothy von einem ängstlichen Löwen, einem Blechmann und einer Vogelscheuche begleitet wird.

Vorstellungen: 10. Oktober 17 Uhr, 11. Oktober 16 Uhr und 19 Uhr
Karten sind für 2,50 Euro im Vorverkauf im Sekretariat erhältlich.
Die Aufführungen finden in der Aula der Karlschule statt.

1 Wie viele Vorstellungstage gibt es insgesamt?

Es gibt zwei Vorstellungstage.

2 Streiche die falschen Aussagen durch.

~~Dorothy wacht nach einem Wirbelsturm in Australien auf.~~
Sie sucht den Zauberer von Oz.
~~Dorothy wird nur von einer Vogelscheuche begleitet.~~
Die Suche nach dem Zauberer von Oz ist abenteuerlich.

3 Welche W-Fragen beantwortet der Flyer? Kreuze an.

- [x] Welches Stück wird gespielt?
- [x] Von wem wird Dorothy auf ihrer Suche begleitet?
- [x] Wo kann man die Karten kaufen?
- [ ] Wer spielt die Rolle der Dorothy?
- [x] Wann fängt die Vorstellung an?
- [ ] Wie viele Karten werden verkauft?

4 Was siehst du auf dem Bild? Kreuze an.

- [ ] eine Vogelscheuche mit einem Strohhut auf dem Knopf
- [ ] eine Vogelscheune mit einem Strohhut auf dem Kopf
- [ ] eine Vogelscheuche mit einem Strohhut auf dem Topf
- [x] eine Vogelscheuche mit einem Strohhut auf dem Kopf
- [ ] eine Vogelscheuche mit keinem Strohhut auf dem Kopf

5 Umut kauft für sich, Leni und Hanna Eintrittskarten für die Vorstellung. Wie viel muss er bezahlen?

Umut muss 7,50 Euro bezahlen.

Magische Pflanzen – Zauberkräfte der Natur

Im Mittelalter galt das Wissen über Kräuter und deren heilende Wirkung als Magie.

Pflanzen	Wirkung
Fenchel	ist gut gegen Magenschmerzen, Blähungen und Husten
Holunder	hilft bei Fieber und Grippe
Kamille	lindert Magenbeschwerden und Entzündungen im Nasenraum
Lavendel	wirkt beruhigend, hilft bei Schlaflosigkeit
Melisse	ist krampflösend und schmerzstillend
Salbei	hilft bei Entzündungen im Rachenbereich

1 Welche Überschrift passt noch? Kreuze an.

☒ Heilpflanzen und ihre Wirkung
☐ Die besten Kochrezepte mit Heilpflanzen
☐ Pflanzen mit heilender Wirkung und wo man sie findet

2 Vervollständige den Satz.

Das Wissen über Kräuter galt im Mittelalter als Magie.

3 Wie viele der Pflanzen oben helfen gegen Entzündungen? Kreise ein.

1 (2) 3 4

4 Stimmen die Aussagen oder nicht? Kreuze an.

	Stimmt	Stimmt nicht
Kamille wirkt gegen Magenschmerzen.	☒	☐
Melisse verursacht Krämpfe.	☐	☒
Fenchel ist ein Mittel gegen Husten.	☒	☐
Lavendel hilft gegen Müdigkeit.	☐	☒

5 Welche Pflanzen helfen? Trage ein.

Hier hilft: Holunder

Hier hilft: Salbei

Hier hilft: Lavendel

Hier hilft: Fenchel

Der 1. Lesemeister

15 min

Merlin, der Zauberer

Einer der berühmtesten Zauberer ist sicherlich Merlin. Merlin war Wahrsager und weiser Zaubermeister. Bekannt wurde er durch die Sage um König Artus. Der Legende nach steckte Merlin das magische Schwert Caliburn in einen Stein. Dann sagte er voraus, dass nur der wahre Herrscher des Landes es herausziehen könne. Viele Ritter versuchten es erfolglos. Doch dann kam Artus. Problemlos zog er das Schwert heraus und wurde König. Merlin wurde nicht nur Magier an Artus' Hof, sondern auch sein Ratgeber.

1 Welche Wörter stehen genau so im Text? Kreuze an.

☐ Zauber ☒ Wahrsager ☐ Sagen ☒ Schwert
☒ Stein ☐ hinaufziehen ☐ Reiter ☒ König

2 Kreuze die richtige Aussage an.

☐ Merlin zog das magische Schwert aus dem Stein.
☒ Viele Ritter schafften es nicht, Caliburn aus dem Stein zu ziehen.
☐ Artus war zum Schluss Hofmagier an Merlins Hof.

3 Ergänze den Satz:

Wer Caliburn aus dem Stein zieht, sollte Herrscher des Landes werden.

Lese-Bonbon

1 Trage die passenden Lösungen in das Gitterrätsel ein.

1. Ein Tier, das einem Frosch sehr ähnlich sieht. Es reimt sich auf „Flöte".
2. Ein länglicher Gegenstand, den ein Magier schwingt. Er ist bei Zauberkünstlern oft schwarz und weiß.
3. Hexen tun dies auf ihrem Besen. Es reimt sich auf „gleiten".
4. Einige Hexen haben sie im Gesicht. Sie ist ein Geschwulst, nicht besonders schön und manchmal sogar grün.
5. In diesem großen Behälter rühren Hexen ihren Zaubertrank an. Oft steht er über dem Feuer.

1.				K	R	Ö	T	E
2.		S	T	A	B			
3.	R	E	I	T	E	N		
4.	W	A	R	Z	E			
5.			K	E	S	S	E	L

2 Wenn du die Buchstaben in den markierten Kästchen zusammenfügst, erhältst du das Lieblingstier vieler Hexen.

Es ist die Katze.

Potilla – von Cornelia Funke

Arthurs Ferien sind alles andere als langweilig. Bei einem Waldspaziergang lernt er eine echte Feenkönigin kennen: Potilla. Doch die kleine Fee ist ziemlich verzweifelt. Ein Unhold hat ihrem Volk die Feenmützen gestohlen. Ohne diese Mützen können die Feen nicht zurück in ihre Heimat, den Feenberg, gelangen. Arthur freundet sich mit Potilla an und beschließt, ihr zu helfen. Zusammen machen sie sich auf eine spannende Reise mit dem Ziel, die Mützen zurückzuerobern.

1 Welcher Satz steht genau so im Text? Kreuze an.

- [ ] Ein Ungeheuer hat ihrem Volk die Feenmützen gestohlen.
- [ ] Ein Unhold hatte ihrem Volk die Feenmützen gestohlen.
- [x] Ein Unhold hat ihrem Volk die Feenmützen gestohlen.
- [ ] Ein Unhold hat ihrem Vater die Feenmützen gestohlen.

2 Stimmen die Aussagen oder nicht?

	Stimmt	Stimmt nicht
Arthurs Ferien sind sehr langweilig.	[ ]	[x]
Arthur lernt Potilla zu Hause kennen.	[ ]	[x]
Potilla ist die Feenkönigin.	[x]	[ ]
Potilla hat die Feenmützen gestohlen.	[ ]	[x]
Arthur und Potilla werden Freunde.	[x]	[ ]

3 Welches Bild passt zum Text? Kreuze an.

(angekreuzt: das Bild mit Arthur und Potilla)

4 In welcher zeitlichen Reihenfolge geschehen die Ereignisse? Kreuze an.

- [ ] Arthur trifft Potilla. Die Mützen werden gestohlen. Arthur will Potilla helfen.
- [x] Die Mützen werden gestohlen. Arthur trifft Potilla. Arthur will Potilla helfen.
- [ ] Arthur will Potilla helfen. Arthur trifft Potilla. Die Mützen werden gestohlen.

5 Welche W-Fragen beantwortet der Text? Kreuze an.

- [x] Wo lernen sich Arthur und Potilla kennen?
- [ ] Wie viele Feenmützen sind gestohlen worden?
- [x] Wer hat die Feenmützen gestohlen?
- [ ] Warum wurden die Feenmützen gestohlen?
- [ ] Wie bekommen Arthur und Potilla die Mützen zurück?

Kennst du diese Zauberer?

Zauberer	Buch	Besonderheit
Catweazle	Catweazle	Ein missglückter Zauberspruch katapultiert ihn vom Mittelalter ins 20. Jahrhundert.
Gargamel	Die Schlümpfe	Er versucht ständig, Gold herzustellen. Dafür benötigt er die Hilfe vieler Schlümpfe.
Miraculix	Asterix-und-Obelix-Comics	Er kann einen Zaubertrank brauen, der übermenschliche Kräfte verleiht.
Petrosilius Zwackelmann	Räuber Hotzenplotz	Er kann eine Fee in eine Unke verwandeln, aber nicht die Schale von den Kartoffeln zaubern.

1 Welche Überschriften passen noch? Kreuze an.

- [ ] Bekannte Zauberer und Hexen
- [ ] Die zehn bekanntesten Zauberer
- [x] Bekannte Magier
- [x] Berühmte Zauberer

2 Was siehst du auf dem Bild? Kreuze an.

- [ ] Ein Magier rührt in einem Käse einen Zaubertrank an.
- [ ] Ein Marder rührt in einem Kessel einen Zaubertrank an.
- [x] Ein Magier rührt in einem Kessel einen Zaubertrank an.

3 Warum landet Catweazle in der heutigen Zeit?

Er landet in der Gegenwart, weil sein Zauberspruch missglückt.

4 Kreuze die richtige Aussage an.

- [ ] Die Schlümpfe versuchen Gold herzustellen.
- [ ] Gargamel ist der Zaubermeister aus den Asterix-und-Obelix-Comics.
- [x] Catweazle stammt ursprünglich aus dem Mittelalter.

5 Von wem stammt welche Aussage? Trage den richtigen Namen ein.

Aussage: „Ich habe einen Zeitsprung gemacht."
Diese Aussage stammt von Catweazle.

Aussage: „Durch meinen Zaubertrank werden alle unheimlich stark."
Diese Aussage stammt von Miraculix.

Aussage: „Ich habe eine Fee verzaubert."
Diese Aussage stammt von Petrosilius Zwackelmann.

Aussage: „Ich brauche unbedingt Schlümpfe, um Gold zu machen."
Diese Aussage stammt von Gargamel.

6 Welches Zauberbuch ist unten zu sehen? Kreuze an.

- [ ] ein großes, rotes Zauberbuch mit schwarzen Ecken und goldener Schrift
- [x] ein dickes Zauberbuch mit verschnörkelter, roter Schrift und roten Ecken
- [ ] ein Buch, auf dem ein Magier mit blauem Umhang und Hut zu sehen ist

Schlossgespenst gesucht

Zur Unterhaltung unserer Hotelgäste suchen wir zum 1. Januar

ein erfahrenes Gespenst,

das spuken, heulen, mit Ketten rasseln, schweben, Dinge verschwinden lassen und anderen Angst einjagen kann.

Die Arbeitszeiten sind täglich von 0 Uhr bis 1 Uhr nachts.

Voraussetzungen sind ein Mindestalter von einhundert Jahren und eine fünfjährige Berufserfahrung im Bereich Spuken und Erschrecken.

Interessierte Gespenster melden sich bitte direkt im Büro des Schlosshotels Schauerstein bei Frau Schlottermann.

1 Was muss das gesuchte Gespenst können? Kreuze richtig an.

- [ ] spuken, heilen, mit Ketten rasseln, schweben
- [ ] heulen, spuken, schweigen, Dinge verschwinden lassen
- [x] anderen Angst einjagen, spuken, heulen, schweben
- [ ] mit Ketten rasseln, schweben, Dinge verschwenden

2 Vervollständige den Satz.

Gespenster, die Interesse an dieser Arbeit haben, sollen sich im Büro des Schlosshotels melden.

3 Streiche die falsche Aussage durch.

- Das Schlosshotel Schauerstein sucht ein Schlossgespenst.
- Das Gespenst soll die Hotelgäste unterhalten.
- ~~Das Schlossgespenst muss täglich eine halbe Stunde arbeiten.~~
- Das Gespenst soll fünf Jahre in diesem Beruf gearbeitet haben.

4 Welches Gespenst ist für die Stelle geeignet? Kreuze an.

- [ ] Ich bin einhundert Jahre alt und spuke seit vier Jahren in Burg Düsterfels. Davor war ich dort Koch. Jetzt würde ich gerne in Schloss Schauerstein arbeiten.

- [x] Seit zehn Jahren erschrecke ich Leute in der Geisterbahn. Nun würde ich gerne als Schlossgespenst arbeiten. Ich werde im Januar einhundertundein Jahre alt.

- [ ] Die letzten zweihundert Jahre habe ich in Großburgwedel gespukt. Jetzt möchte ich in einem Schloss Leute erschrecken. Ich könnte im Februar anfangen.

Die Suche nach dem Wunschbaum

Bei einer Schlossbesichtigung findet Lea in einer verwinkelten Ecke einen Zettel. Darauf steht: „Wenn du zum Wunschbaum gelangen willst, nimm den Weg vom Schloss, der weder am Stall noch an der Pilzwiese vorbeiführt. Biege nach der Hütte mit dem roten Dach links ab. Gehe an der Abzweigung nach rechts, über die Brücke, und folge dem Weg, der zwischen Fels und Fluss entlangführt. Der zweite Baum hinter dem Felsen ist der Wunschbaum."

1 Wo ist der Wunschbaum? Kreise ihn auf der Karte ein.

2 Wo findet Lea den Zettel? Kreuze an.

- [x] in einer verwinkelten Ecke
- [ ] in einer verwinkelten Hecke

3 Welcher Satz steht genau so im Text? Kreuze an.

- [ ] Der zweite Baum vor dem Felsen ist der Wunschbaum.
- [ ] Der zweite Baum hinter dem Felsen ist der Wunschtraum.
- [x] Der zweite Baum hinter dem Felsen ist der Wunschbaum.
- [ ] Der zweite Baum hinter den Felsen ist der Wunschbaum.

4 Schau dir die Karte an. Streiche die falschen Aussagen durch.

- Die Pilzwiese befindet sich zwischen Turm und Stall.
- Auf der Karte sind vier Felsen zu sehen.
- Verlässt man das Schloss, kann man vier verschiedene Wege wählen.
- ~~Oben auf dem Turm ist ein Kranz angebracht.~~
- ~~Fünf der Häuser haben kein rotes Dach.~~

5 An welchen Dingen kommt man auf dem Weg zum Wunschbaum vorbei? Kreuze die richtige Liste an.

- [ ] Stall, Haus mit rotem Dach, Brücke, Fels
- [x] Turm, Brücke, Fluss, Fels
- [ ] Pilzwiese, Fels, Fluss, Brücke

Der 2. Lesemeister

15 min

Wir laden ein zum schaurigen Schulfest in der Marienschule

Kürbisschnitzen, Gespensterrallye,
Monstermasken basteln,
Kostümwettbewerb (die gruseligste Verkleidung gewinnt),
großes Halloweenbüffet mit Spinnensuppe, Vampirblut,
Schleimpudding und Wurstmumien

am 31.10., 17 – 19 Uhr
in der Marienschule, Blumenstraße 2
Der Eintritt ist frei!

1 Wie lange dauert das Schulfest?

Das Fest dauert zwei Stunden.

2 Kreuze die richtigen Aussagen an.

- ☐ Beim Schulfest am 30.10. gibt es eine Gespensterrallye.
- ☒ Das schaurige Schulfest findet in der Marienschule statt.
- ☒ Wer sich am gruseligsten verkleidet, gewinnt den Kostümwettbewerb.

3 Welche Worte stehen genau so im Text? Kreuze an.

☐ Kürbisschlitzen	☒ basteln	☒ Kostümwettbewerb
☐ Spinnersuppe	☐ Blusenstraße	☒ Eintritt

 Du hast ___ von 6 Antworten richtig.

Lese-Bonbon

1 In welches Tier hat sich Zaubermeisterin Luzia verwandelt?
Kreise die Silben des Lösungswortes ein.

Die erste Silbe findest du in der Krone des Laubbaums mit den dunkelgrünen Blättern, der neben einem Baumstumpf steht.
Die zweite Silbe steckt im Hut des Pilzes mit dem roten Stängel. Der Pilzhut ist gelb und hat rote Punkte.
Die dritte Silbe versteckt sich in einer Blüte, die zwischen einem Pilz mit rotem Hut und einer Tanne steht.
Die vierte Silbe liegt im Gras unter einem Nadelbaum mit Tannenzapfen.

2 Trage die Lösung ein.
Luzia hat sich in einen Salamander verwandelt.

3 Finde Luzia auf dem Bild und kreise sie ein.

Lenis Geisterschrift

Nach dem Duschen schreibt Leni mit dem Finger: **Hallo! Ich bin ein Geist** auf den beschlagenen Spiegel. Nach dem Fönen ist alles verschwunden. Aber Leni weiß, dass die Schrift wieder sichtbar wird, wenn der Nächste duscht. Das ist ihr Bruder. Ob er sich wohl erschreckt? Leni wartet ab, hört aber nichts von ihm. Als er aus dem Bad geht, huscht sie hinein. Die Scheiben sind noch beschlagen. Allerdings sind Lenis Worte weggewischt. Dafür steht nun: **Leni, du bist kein Geist. Du gehst mir nur manchmal auf den Geist** an der Scheibe. Leni rümpft die Nase und im Hintergrund kichert ihr Bruder.

1 Welcher Satz steht genau so im Text? Kreuze an.

- ☐ Leni rümpft die Nase und im Hinterhof kichert ihr Bruder.
- ☒ Leni rümpft die Nase und im Hintergrund kichert ihr Bruder.
- ☐ Leni rügt die Nase und im Hintergrund kichert ihr Bruder.
- ☐ Leni rümpft die Nase und im Hintergrund kickt ihr Bruder.

2 Vervollständige die Sätze.
Leni schreibt auf einen beschlagenen Spiegel.
Bevor Leni auf den Spiegel schreibt, hat sie geduscht.

3 Welche W-Fragen beantwortet der Text? Kreuze an.

- ☒ Was schreibt Leni an den Spiegel?
- ☒ Wer duscht nach Leni?
- ☐ Wie lange duscht Lenis Bruder?
- ☒ Wie reagiert Leni, als sie sieht, was ihr Bruder geschrieben hat?

4 Welches Bild passt zum Text? Kreuze an.

5 In welcher zeitlichen Reihenfolge passieren die Ereignisse?
Kreuze die richtige Reihenfolge an.

- ☐ Lenis Bruder duscht. Leni ärgert sich. Leni schreibt an den Spiegel.
- ☐ Leni ärgert sich. Leni schreibt an den Spiegel. Lenis Bruder duscht.
- ☐ Leni duscht. Leni ärgert sich. Leni schreibt an den Spiegel.
- ☒ Leni duscht. Leni schreibt an den Spiegel. Lenis Bruder duscht.

1 Welche Dinge braucht man zum Herstellen des Zaubertees? Kreuze an.

- [x] Fix-weg-Zauberteemischung, Wasser, Sieb
- [ ] Fix-weg-Zauberteemischung, Wasser, Zucker, Sieb
- [ ] Fix-weg-Zauberteemischung, Wein, Sieb

2 Welche anderen Bezeichnungen passen zum Tee? Kreuze an.

- [ ] Teemischung gegen Schnupfen
- [x] Tee zum Unsichtbarmachen
- [x] Verschwindetee
- [ ] Erkältungstee

3 Vervollständige den Satz.

Während man den Tee trinkt,
soll man im Uhrzeigersinn gehen.

4 Kreise die richtigen Zutaten für den Tee ein.

Eingekreist: Krötenkraut, geriebene Schlangenschuppen, Mondgras, Alraunenblüten, Elfenhaarpulver

5 Stimmen die Aussagen oder nicht?

	Stimmt nicht	Stimmt
Die Teemischung verträgt Licht.	X	
Man soll den Tee schluckweise trinken.		X
Der Tee muss eine halbe Stunde ziehen.		X
Eine Tasse reicht, um unsichtbar zu werden.		X
Der Tee wird mit kaltem Wasser zubereitet.	X	

Das Orakel von Delphi

Das Orakel von Delphi war im antiken Griechenland ein Ort der Weissagung. Der Gott Apollon wurde dort nach der Zukunft befragt. Antwort gab er durch eine Priesterin, die Pythia. Sie saß im Keller des Apollontempels, wahrscheinlich nahe einer Erdspalte, aus der Gase hervortraten. In Nebel gehüllt verkündete sie die Weissagungen, die anschließend gedeutet werden mussten. Manchmal wurden die Botschaften missverstanden. König Kroisos zum Beispiel wurde vorausgesagt, dass er ein großes Reich zerstören würde. Daraufhin griff er seinen Feind an. Er war sicher, dessen Reich zu vernichten. Doch er verlor. Die Weissagung bezog sich nämlich auf sein eigenes Reich.

1 Welche Worte stehen genau so im Text? Kreuze an.

- [x] Weissagung
- [ ] Kellergewölbe
- [x] Gase
- [x] Zukunft
- [ ] Tempel
- [ ] Nabel
- [ ] Priester
- [x] Erdspalte
- [ ] Feinde

2 In welchem Land befand sich das Orakel von Delphi?

Es befand sich in Griechenland.

3 Welcher Gott sagte dort angeblich die Zukunft voraus?

Es war der Gott Apollon.

4 Was siehst du auf dem Bild? Kreuze an.

- [x] Eine griechische Priesterin sitzt in einem vernebelten Keller.
- [ ] Eine kriechende Priesterin sitzt in einem vernebelten Keller.
- [ ] Eine griechische Priesterin schwitzt in einem vernebelten Keller.
- [ ] Eine griechische Preisträgerin sitzt in einem vernebelten Keller.

5 Streiche die falschen Aussagen durch.

Das Orakel von Delphi war ein Ort der Weissagung.
Die Priesterin, die die Weissagungen verkündete, hieß Pythia.
~~Die Pythia saß in einem Turm im Apollontempel.~~
~~Die Weissagungen waren immer eindeutig.~~
König Kroisos hat die Botschaft des Orakels falsch verstanden.

6 Was wird im Text erwähnt?

- [x] Die Priesterin verkündete ihre Botschaften in Nebel gehüllt.
- [ ] Wer die Zukunft vorausgesagt bekam, musste Geld zahlen.
- [ ] Die Pythia war eine sehr alte Frau.
- [x] Aufgrund der Weissagung griff König Kroisos seinen Feind an.

Das Übungsheft Lesen 3 – Lösungen (Seite 32 – 35)

Zauberer Ron schreibt nach Hause

Als ich heute im Zug zur Internatsschule saß, habe ich einen Jungen kennengelernt. Der ist nicht in der magischen Welt groß geworden, sondern bei Muggels. Er ist aber ein großer Magier. Als er noch ein Baby war, hat er den bösesten aller Zauberer vernichtet. Wie er das gemacht hat, weiß er aber nicht. Obwohl jeder seine Geschichte kennt, scheint er sehr nett zu sein. Ihr werdet seinen Namen schon erraten haben: Es ist Harry Potter.

1 Welche Überschriften passen noch? Kreuze an.

- [x] Mein erstes Treffen mit Harry Potter
- [x] Rons Brief
- [ ] Wie Harry Zauberer wurde
- [ ] Treffen mit Merlin

2 Welcher Satz steht genau so im Text? Kreuze an.

- [ ] Obwohl keiner seine Geschichte kennt, scheint er sehr nett zu sein.
- [ ] Obwohl jeder seine Geschichten kennt, scheint er sehr nett zu sein.
- [x] Obwohl jeder seine Geschichte kennt, scheint er sehr nett zu sein.
- [ ] Obwohl jeder seine Geschichte kennt, scheint er sehr fett zu sein.

3 Vervollständige den Satz.

Harry Potter ist bei Muggels groß geworden.

4 Was siehst du auf dem Bild? Kreuze an.

- [ ] Eine Schleiereule, die in ihrem Nabel einen Brief transportiert.
- [ ] Eine Schleiereule, die einen Schnabel in einem Brief transportiert.
- [x] Eine Schleiereule, die in ihrem Schnabel einen Brief transportiert.
- [ ] Eine Schleiereule, die in ihrem Schnabel einen Brei transportiert.

5 Streiche die falschen Aussagen durch.

- Ron hat Harry im Zug kennengelernt.
- Ron und Harry waren gerade auf dem Weg zur Internatsschule.
- ~~Harry Potter ist in der magischen Welt groß geworden.~~
- Als Baby hat Harry den bösesten Zauberer aller Zeiten vernichtet.
- ~~Nur Harry Potter weiß, wie er den bösen Zauberer vernichtet hat.~~

6 Was wird im Text erwähnt? Kreuze an.

- [ ] Harry Potter ist elf Jahre alt, als er und Ron sich kennenlernen.
- [x] Ron schreibt den Brief über seine Begegnung mit Harry nach Hause.
- [ ] Ron ist in der Zauberwelt groß geworden.
- [x] Harry Potter ist ein großer Magier.

Der 3. Lesemeister

15 min

Sensation bei Zauberweltmeisterschaft

Bei der diesjährigen Zauberweltmeisterschaft im Hexenwald kam es zu einer großen Überraschung. Für das Finale am Donnerstag, dem 1. April, qualifizierten sich die beiden erfahrenen Zauberer Samu Salamander und Harry Hokus sowie der erst fünfzehnjährige Nachwuchsmagier Tilo Tabeus. In drei Prüfungen sollten die Zauberer ihr Können unter Beweis stellen. Da zum Finale allerdings nur Tilo Tabeus erschien, wurde er automatisch zum Sieger ernannt. Wie sich später herausstellte, hatten sich die beiden Favoriten bei einer Übung aus Versehen gegenseitig mit einem Schlafzauber verhext, so dass sie am Finale nicht teilnehmen konnten.

1 Vervollständige den Satz.

Am 1. April war das Finale der Zauberweltmeisterschaft.

2 Von welchem Zauberer stammt die Aussage? Trage den Namen ein.

„Ich konnte nicht am Finale teilnehmen. Samu hatte mich verhext."
Diese Aussage stammt von: Harry Hokus.

3 Streiche die falschen Aussagen durch.

- Die Zauberer sollten im Finale drei Prüfungen ablegen.
- ~~Im Finale standen dieses Jahr vier Zauberer.~~
- ~~Tilo und Harry galten zuvor als Favoriten.~~
- Die Zauberweltmeisterschaft fand im Hexenwald statt.

Lese-Bonbon

1 Leni, Hanna, Umut, Zarah und Malte haben sich Zauberstäbe gebastelt. Finde heraus, wem welcher Stab gehört. Trage die Namen ein.

Lenis Stab hat dieselbe Farbe wie Zarahs Stab. Maltes Zauberstab ist zweifarbig. Lenis Stab ist größer als Zarahs Stab. Hannas und Zarahs Stäbe haben dieselbe Farbe. Hannas Stab ist kleiner als Zarahs Stab.

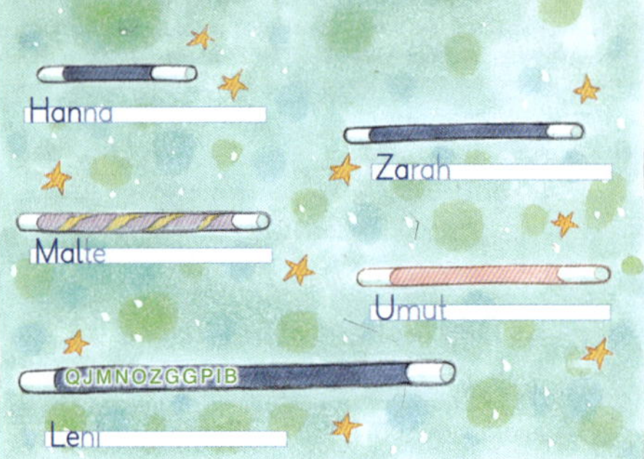

2 Was machen die fünf mit den Stäben? Die Lösung steht verschlüsselt in Lenis Stab. Entschlüssele die Botschaft mit dem verschlüsselten Alphabet.

V = verschlüsselt
B = Botschaft

V:	A	B	C	D	E	F	G	H	I	J	K	L	M	N	O	P	Q	R	S	T	U	V	W	X	Y	Z
B:	F	G	H	I	J	K	L	M	N	O	P	Q	R	S	T	U	V	W	X	Y	Z	A	B	C	D	E

Sie geben eine Zauber vorstellung.

Werwolf Wolli

Wolli ist ein junger Werwolf. Sein Körper ist größer und stärker als der eines gewöhnlichen Wolfes. An Armen und Beinen besitzt er viele Muskeln. Wollis Fell ist weißgrau und ziemlich struppig. Anders als bei anderen Werwölfen sieht sein Gesicht jedoch nicht bedrohlich aus. Wolli hat gelb leuchtende, freundliche Augen und eine große Schnauze. Seine Zähne sind nicht besonders spitz, denn Wolli geht nicht gerne auf die Jagd. Viel lieber heult er den Vollmond an. Das macht ihm viel Spaß. Am liebsten würde er Opernsänger werden.

1 Welcher dieser Werwölfe ist Wolli? Kreuze an.

[ ] [x] [ ]

2 Welcher Satz steht genau so im Text? Kreuze an.

- [ ] Sein Kopf ist größer und stärker als der eines gewöhnlichen Wolfes.
- [x] Sein Körper ist größer und stärker als der eines gewöhnlichen Wolfes.
- [ ] Sein Körper ist größer und stämmiger als der eines gewöhnlichen Wolfes.
- [ ] Sein Körper ist großartig und stärker als der eines gewöhnlichen Wolfes.

3 Wie sieht Wolli laut Text aus? Kreise die richtigen Bezeichnungen ein.

(eingekreist) freundliche Augen, struppiges Fell, starker Körper, gelb leuchtende Augen, muskulöse Arme, große Schnauze

behaarte Ohren, kleine Ohren, spitze Zähne, lange Nase, kleine Schnauze, bedrohliches Gesicht, dicker Bauch, zierlicher Körper, feindliche Augen, muskellose Beine

4 Warum möchte Wolli gerne Opernsänger werden?

Er möchte Sänger werden, weil es ihm Spaß macht, den Vollmond anzuheulen.

5 Was erfährst du über Wollis Zähne?

Wollis Zähne sind nicht besonders spitz.

6 Kreuze die richtige Aussage an.

- [ ] Dafür, dass Wolli schon ziemlich alt ist, ist er immer noch stark.
- [ ] Wolli möchte Opernsänger werden, obwohl er gerne auf die Jagd geht.
- [x] Gewöhnliche Wölfe sind kleiner als Werwolf Wolli.
- [ ] Wolli ist zwar stark und groß, aber andere Wölfe sind größer und stärker.

Hexen-TÜV

Hexe Olivia Holunderwunder muss bald zum Hexen-TÜV. Dort wird überprüft, ob sie noch all ihre Fähigkeiten besitzt. Um gut vorbereitet zu sein, hat sich Olivia eine Liste geschrieben. Folgende Dinge möchte sie noch erledigen oder üben.

- Besenstiel mit Feenhonig leimen
- noch einmal Zickzackflug mit dem Hexenbesen üben
- Sprüche zum Unsichtbarmachen auswendig lernen
- Kräuter für den Verwandlungstrank im Wald pflücken
- Hexenkessel mit Elfenhaar polieren
- nachlesen, wie man Fliegenpilze zum Fliegen bringt

1 Welche Wörter stehen genau so im Text? Kreuze an.

[ ] Hexenschülerin	[x] Fähigkeiten	[ ] Leiste
[x] Besenstiel	[ ] Elfenhonig	[ ] leihen
[ ] Zickzacklauf	[x] Kräuter	[ ] Verwandlungstraum

2 Vervollständige den Satz.

Beim Hexen-TÜV wird kontrolliert, ob die Hexen noch all ihre Fähigkeiten besitzen.

3 Welche Bilder zeigen Olivia bei der Vorbereitung auf ihre Prüfung? Kreuze an.

4 Streiche die falschen Aussagen durch.

- ~~Olivia hat sich eine Liste geschrieben, auf der steht, was sie bereits kann.~~
- Olivia möchte nachlesen, wie man Fliegenpilze zum Fliegen bringt.
- ~~Olivia möchte Sprüche auswendig lernen, mit denen man sich sichtbar macht.~~

5 Was wird im Text erwähnt? Kreuze an.

- [ ] Die Hexenprüfung dauert drei Stunden.
- [x] Olivia möchte ihren Hexenkessel mit Elfenhaar polieren.
- [ ] An der Prüfung nehmen insgesamt fünf Hexen teil.

Wasser als Verwandlungskünstler

Sicher weißt du schon, dass sich Wasser verwandeln kann. Mal ist es flüssig, mal fest, mal gasförmig. Abhängig ist dies von der Temperatur. Bei einhundert Grad liegt der sogenannte Siedepunkt. Bei dieser Temperatur verwandelt sich das flüssige Wasser in Gas. Das ist der Dampf. Wusstest du, dass am Siedepunkt die Temperatur des Wassers nicht mehr steigt, auch wenn du weitere Energie in das Wasser steckst? Die Temperatur bleibt so lange bei einhundert Grad, bis das ganze Wasser verdampft ist. Die Energie wird gebraucht, um das Wasser in Gas zu verwandeln.

1 Welche Überschriften passen noch? Kreuze an.

- [x] Wandelbares Wasser
- [ ] Interessantes über Wasser und Strom
- [x] Wenn Wasser seine Form ändert
- [ ] Wie man aus Wasser Eis macht

2 Vervollständige die Sätze.

Bei Wasser liegt der Siedepunkt bei einhundert Grad.
Bei einhundert Grad wird flüssiges Wasser zu Gas.

3 Welche W-Fragen beantwortet der Text? Kreuze an.

- [ ] Wie hoch ist die Temperatur, wenn Wasser gefriert?
- [x] Wovon ist die Änderung der Wasserzustände abhängig?
- [x] Was passiert, wenn das Wasser einhundert Grad erreicht?
- [ ] Wie wird gasförmiges Wasser wieder zu flüssigem Wasser?
- [x] Welche Formen kann Wasser haben?

4 Was siehst du auf dem Bild? Kreuze an.

- [x] Das Wasser hat den Siedepunkt erreicht und verdampft.
- [ ] Das Wasser hat den Siegespunkt erreicht und verdampft.
- [ ] Das Wasser hat den Siedepunkt erreicht und verkrampft.
- [ ] Das Wasser hat den Siedeplatz erreicht und verdampft.

5 Stimmen die Aussagen oder nicht? Kreuze an.

	Stimmt	Stimmt nicht
Wasser kann fest sein.	X	
Am Siedepunkt steigt die Temperatur weiter an.		X
Wasser wird gasförmig, wenn man es einfriert.		X
Wasser kann sich in Gas und Metall verwandeln.		X
Am Siedepunkt wird das Wasser zu Eis.		X

Der verschwundene Stift

Zarah malt in ihrem Zimmer. Plötzlich weht ein kalter Windzug durch den Raum und das Fenster fällt zu. Zarah steht auf, um es zu schließen. Als sie sich wieder an den Schreibtisch setzt, ist ihr Regenbogenstift verschwunden. Verwundert sucht sie unter den Zetteln, Heften und Büchern auf ihrem Schreibtisch. Doch der Stift taucht nicht wieder auf. Spukt es etwa? Wie durch Geisterhand öffnet sich nun auch noch die Tür. Zarah erschrickt und hält den Atem an. Ihr Vater schaut herein. „Hast du mich erschreckt. Ich dachte, du bist ein Gespenst!", ruft sie und erzählt von dem verschwundenen Stift. Der Vater deutet unter den Schreibtisch: „Meinst du diesen?", fragt er grinsend. „Du solltest aufräumen! Dann verschwinden deine Sachen nicht immer."

1 Welcher Satz steht genau so im Text? Kreuze an.

- [ ] Wie durch Geisterhand öffnet sich nun noch die Tür.
- [x] Wie durch Geisterhand öffnet sich nun auch noch die Tür.
- [ ] Wie durch Geisterbahn öffnet sich nun auch noch die Tür.

2 Warum glaubt Zarah, dass es in ihrem Zimmer spukt? Kreuze an.

- [ ] Weil sie seltsame Geräusche hört und ihr Stift verschwindet.
- [x] Weil ihr Stift verschwindet und vorher das Fenster zugefallen ist.
- [ ] Weil sie ein Heulen hört, das Fenster zufällt und der Stift verschwindet.

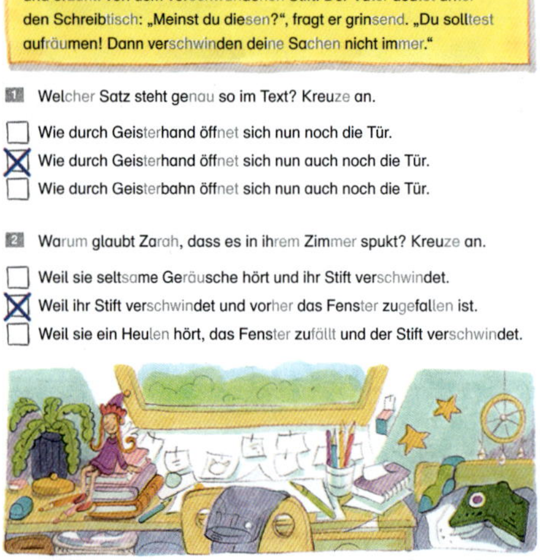

3 Nummeriere die Bilder von 1 bis 4 in der richtigen zeitlichen Reihenfolge.

4 1 3 2

4 Wo sucht Zarah nach ihrem Stift? Kreise die richtigen Antworten ein.

unter den Zetteln (eingekreist) · in ihren Heften · auf dem Fensterbrett · im Bett · unter dem Schreibtisch · unter den Büchern im Regal · unter ihren Heften (eingekreist) · unter den Büchern auf dem Schreibtisch (eingekreist) · in der Schublade

Der 4. Lesemeister

15 min

www.magischewesen.de

Basilisk	Mischwesen, oft dargestellt mit Hahnenkopf und Schlangenkörper, besitzt tödlichen Blick
Einhorn	edles Fabeltier, ähnelt äußerlich einem Pferd, hat ein Horn auf der Stirn, das Heilkräfte besitzt
Harpye	besitzt den Körper eines Greifvogels und den Kopf einer Frau
Zentaur	starkes, intelligentes Wesen aus griechischen Sagen, mit menschlichem Oberkörper und Unterleib eines Pferdes
Greif	oft dargestellt als geflügeltes Mischwesen mit Kopf und Oberkörper eines Greifvogels, Hinterteil eines Löwen

1 Wie viele der oben genannten Wesen bestehen zum Teil aus einem Vogel? Kreise ein.

1 2 (3) 4

2 Schreibe die Namen der Wesen unter die Bilder.

Greif Harpye Basilisk

 Du hast ___ von 4 Antworten richtig.

Lese-Bonbon

1 Verbinde die Wörter zu einem sinnvollen Satz. So findest du den Weg durchs Labyrinth.

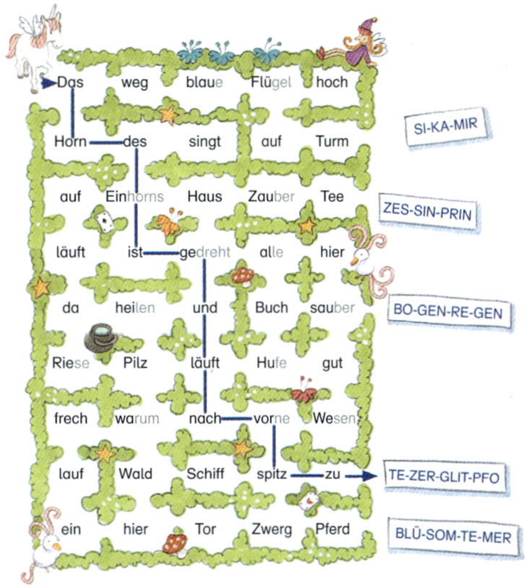

2 Am richtigen Ausgang findest du einen Zettel, auf dem steht, wie das Einhorn heißt. Bringe die Silben in die richtige Reihenfolge.

Lösung: Das Einhorn heißt Glitzerpfote.

Zaubertrick zum Nachmachen

Hast du Lust, einmal zu zaubern? Dann fange mit einem einfachen Trick an. Du musst einen Luftballon vorbereiten. Puste ihn auf und klebe auf eine Stelle ein Stück Klebestreifen. Lade dann jemanden ein, der zuschaut. Du zeigst den Ballon und sprichst ein paar magisch klingende Worte wie z. B. „Abrakadabra". Ziehe nun eine Nähnadel hervor und stich an der Stelle in den Ballon, an der sich der Klebestreifen befindet. Wie durch ein Wunder zerplatzt der Ballon nicht. Sicher sind alle verblüfft, denn sie haben den Klebestreifen nicht bemerkt.

1 Welche Überschriften passen noch? Kreuze an.

- [ ] Luftschlangentrick
- [x] Werde selber Zauberkünstler
- [x] Der Zauberballon
- [x] Der magische Luftballon
- [ ] Der Trick mit dem Heißluftballon
- [ ] Zaubertrick für Fortgeschrittene

2 Was brauchst du für diesen Trick? Kreuze die richtige Aufzählung an.

- [ ] Nähnadel, Klebestreifen, Heißluftballon, Watte
- [ ] Klebefilm, Luftballon, Nähnadel, Kaugummi
- [x] Luftballon, Nähnadel, Klebestreifen
- [ ] Luftballon, Stricknadel, Klebestreifen

3 Welche Bilder passen zum Text? Kreuze an.

4 Kreuze die richtige zeitliche Reihenfolge an.

- [ ] Klebestreifen ankleben. Ballon aufpusten. Zauberworte sagen. Nadel einstechen.
- [ ] Ballon aufpusten. Klebestreifen ankleben. Nadel einstechen. Zauberworte sagen.
- [x] Ballon aufpusten. Klebestreifen ankleben. Zauberworte sagen. Nadel einstechen.
- [ ] Zauberworte sagen. Klebestreifen ankleben. Nadel einstechen. Ballon aufpusten.

5 Streiche die falschen Aussagen durch.

~~Nur wenn man „Abrakadabra" sagt, funktioniert der Trick.~~

~~Der Zaubertrick ist nicht besonders schwierig.~~

~~Wenn die Leute den Klebestreifen sehen, sind sie verblüfft.~~

Der Zauberstab

Malte und Umut machen mit ihren Familien einen Spaziergang. Plötzlich entdeckt Malte einen seltsam gebogenen Stock am Wegesrand. Er hebt ihn auf. „Ein Zauberstab!", ruft er. Umut nickt und sucht sich auch einen Stock. Zusammen überlegen sie, was sie zaubern könnten. Vielleicht etwas zu essen? Malte schwingt seinen Stab und ruft einen Zauberspruch. Im nächsten Moment fällt ihm etwas auf den Kopf und kullert dann auf den Boden: ein dicker roter Apfel. Er ist vom Baum über ihm abgefallen. Umut reißt beeindruckt die Augen auf. „War das Zauberei oder Zufall?", fragt er. „Wer weiß", sagt Malte schmunzelnd und teilt seinen Apfel mit Umut.

1 Welche Wörter stehen genau so im Text? Kreuze an.

- [ ] Familienausflug
- [x] Zauberspruch
- [ ] Bogen
- [x] Spaziergang
- [ ] Zauberstock
- [ ] Äpfel
- [x] Wegesrand
- [x] Kopf
- [x] beeindruckt

2 Vervollständige den Satz.

Beim Spaziergang mit ihren Familien entdecken Umut und Malte Stöcke, die sie zum Zaubern benutzen wollen.

3 Wie wird Maltes Stock im Text beschrieben? Trage ein.

Maltes Stock ist seltsam gebogen.

4 Von wem stammt die Aussage? Kreuze an.

Umut [ ] Malte [x]
„Ich habe meinen Stock zuerst gefunden."

Umut [ ] Malte [x]
„Mir ist ein Apfel auf den Kopf gefallen."

Umut [ ] Malte [x]
„Ich habe den Apfel geteilt."

Umut [x] Malte [ ]
„Mein Stock lag nicht am Wegesrand."

Verzaubert

Kurz vor dem großen Zauberfest
gibt es noch den Abschlusstest.
Alle Hexen der dritten Klassen
sollen Besen fliegen lassen.
Als Lola „Hokus Pokus" spricht,
fliegt ihr Besen aber nicht.
Denn sie muss ganz plötzlich niesen
und dann stehen auf den Wiesen
mit einem Mal zwei rote Drachen,
die gerade Männchen machen.
Durch die Menge geht ein Raunen,
Hexen und auch Lehrer staunen.
Meister Merlin denkt nicht lang,
verschiebt den Test auf irgendwann.
Ein Drache, ja, das ist famos –
da geht direkt die Feier los.

1 Welche Bilder passen zum Text? Kreuze an.

2 In welcher Klasse ist Hexe Lola?

Sie ist in der dritten Klasse.

3 Stimmt die Aussage oder nicht? Oder wird darüber nichts im Gedicht gesagt? Kreuze an.

	Stimmt	Stimmt nicht	Keine Angabe
Das Fest findet jedes Jahr statt.	[ ]	[ ]	[x]
Die beiden Drachen sind grün.	[ ]	[x]	[ ]
Lola niest, weil sie eine Allergie hat.	[ ]	[ ]	[x]
Der Test wird verschoben.	[x]	[ ]	[ ]
Die Feier geht direkt los.	[x]	[ ]	[ ]
Auf der Feier gibt es ein Feuerwerk.	[ ]	[ ]	[x]

4 Welche W-Fragen beantwortet das Gedicht? Kreuze an.

- [x] Was müssen die Hexen in ihrem Abschlusstest machen?
- [x] Welchen Zauberspruch benutzt Lola?
- [x] Warum fliegt Lolas Besen nicht?
- [ ] Wie heißt Lolas Besen?
- [x] Was passiert, als Lola niest?
- [x] Wie viele Drachen erscheinen?
- [x] Wo stehen die Drachen?
- [x] Wer verschiebt den Test?
- [ ] Wann verschwinden die Drachen wieder?

Verwandlungskünstler im Tierreich

Nicht nur in Zaubergeschichten können sich Wesen verwandeln, auch in der Natur. Der Schneehase zum Beispiel wechselt die Farbe seines Fells je nach Jahreszeit. Im Winter ist er weiß, im Sommer braun. Chamäleons dagegen ändern ihre Körperfarbe abhängig von Gefühlen oder der Temperatur. Bei Angst und Wut färben sie sich dunkel, bei der Partnersuche bunt.
Noch interessanter ist der Mimik-Oktopus. Er kann nicht nur seine Farbe anpassen, sondern auch seine Körperumrisse, damit er Flundern oder Seeschlangen ähnelt. Was für ein Verwandlungskünstler!

1 Welche Tiere werden im Text erwähnt? Kreuze die richtige Aufzählung an.

- [ ] Schneeeule, Chamäleons, Flunder, Seeschlange, Mimik-Oktopus
- [ ] Schneehase, Fledermaus, Chamäleons, Mimik-Oktopus
- [x] Schneehase, Flunder, Chamäleons, Mimik-Oktopus, Seeschlange

2 Was siehst du auf dem Bild? Kreuze an.

- [ ] ein Schneehaus, dessen Fell zur Tarnung weiß geworden ist
- [ ] ein Schneehase, dessen Fell zur Tarnung heiß geworden ist
- [x] ein Schneehase, dessen Fell zur Tarnung weiß geworden ist
- [ ] ein Schneehase, dessen Fell zum Training weiß geworden ist

3 Schreibe die richtige Jahreszeit unter die Bilder des Schneehasen.

Sommer   Winter

4 Vervollständige den Satz.

Wenn das Chamäleon ängstlich ist, färbt es sich dunkel.

5 Streiche die falschen Aussagen.

~~Bei Wut färben sich Schneehasen braun.~~
Wenn Chamäleons einen Partner suchen, werden sie bunt.
Der Mimik-Oktopus kann seine Körperumrisse ändern.
Der Mimik-Oktopus kann so ähnlich aussehen wie eine Flunder.

6 Was wird im Text erwähnt? Kreuze an.

- [x] Der Schneehase ändert die Fellfarbe je nach Jahreszeit.
- [x] Gefühle beeinflussen, wie das Chamäleon sich färbt.
- [ ] Der Mimik-Oktopus färbt sich, um sich zu tarnen.
- [ ] Seeschlangen können ihre Körperfarbe nicht ändern.

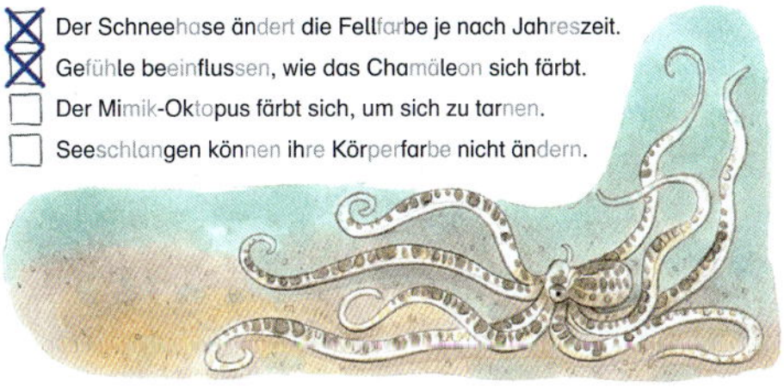

Der 5. Lesemeister

15 min

Warnschilder im Zauberwald

1 Kreuze die richtige Aussage an.

- [ ] Im Nebeltal dürfen sich keine Gespenster aufhalten.
- [ ] Auf der Fußballwiese ist das Feenspielen streng verboten.
- [x] Wenn man Mondmohn berührt, wird man unsichtbar.

2 Vervollständige den Satz.

Man soll das Quellwasser nicht trinken, weil es verzaubert ist.

3 Welche W-Fragen beantworten die Schilder? Kreuze an.

- [x] Wann ist der Wunschbaum außer Betrieb?
- [x] Was machen die Weiden im Zauberwald in der Dämmerung?
- [x] Welche Tiere kreuzen den Weg in den nächsten 2 km?

Lese-Bonbon

1 Finde das Kaninchen von Zauberkünstler Waldemar.

Waldemar sagt: „Mein Kaninchen ist ganz lieb. Seine blauen Augen leuchten immer, wenn ich ihm Möhren bringe. Seine Ohren haben unterschiedliche Farben. Das sieht süß aus. Und ich mag die braunen Flecken auf seinem weißen Fell."

Es ist Kaninchen Nummer 6.

2 Das Kaninchen von Waldemars Bruder sieht fast genau so aus. Es unterscheidet sich lediglich in der Farbe des Fells.

Das Kaninchen von Waldemars Bruder ist Nummer 1.

Erschreckt!

Das Tollste am Jahrmarkt ist für Jona die Geisterbahn. Er liebt Gespenster, Monster und Vampire. Heute sieht Jona selber aus wie ein Vampir. An einem Stand hat er sich das Gesicht weiß schminken lassen. Und am Mund laufen ihm aufgemalte Blutstropfen herunter. So geht Jona zur Geisterbahn. An der Kasse muss er warten, weil der Verkäufer, von ihm abgewandt, telefoniert. Plötzlich fällt Jona eine Münze herunter. Er bückt sich, doch er kommt nicht an das Geld. Mist! Jetzt hat er nicht genügend Geld für die Fahrt. Jona richtet sich wieder auf. „Mein Euro ist unter Ihren Wagen gerollt“, sagt er. Der Verkäufer schreit auf, als er Jona sieht. „Hast du mich erschreckt!“, lacht er dann. Er überlegt kurz und sagt: „Gut. Du kommst für den halben Preis rein, weil du so gruselig aussiehst. Das ist gute Werbung für die Geisterbahn.“

1 Welche Überschriften passen noch? Kreuze an.

- [x] Schreck vor der Geisterbahn
- [x] Glück im Unglück
- [ ] Jona und der Vampir
- [ ] Ein lustiger Geist

2 Warum erschreckt sich der Verkäufer? Kreuze an.

- [ ] Weil Jona plötzlich auftaucht und eine gruselige Grimasse zieht.
- [ ] Weil Jona ihm einen Streich gespielt hat.
- [x] Weil Jona plötzlich auftaucht und gruselig aussieht.
- [ ] Weil Jonas Geld unter den Wagen gerollt ist.

3 Nummeriere die Bilder von 1 bis 4 in der richtigen zeitlichen Reihenfolge.

4 Stimmt die Aussage oder nicht? Oder wird darüber nichts im Text gesagt? Kreuze an.

	Stimmt	Stimmt nicht	Keine Angabe
Jona hält zwei Euro in der Hand.	☐	☐	☒
Jona fällt eine Ein-Euro-Münze runter.	☒	☐	☐
Jona hat sich daheim weiß geschminkt.	☐	☒	☐
Der Verkäufer erschreckt sich vor Jona.	☒	☐	☐

Zauberschrift

Um in Zauberschrift zu schreiben, musst du kein Zauberer sein. Mit ein paar einfachen Tricks kannst auch du geheime Botschaften verfassen. Das funktioniert zum Beispiel mit einem Tintenkiller. Benutze die weiße Seite deines Stiftes. Schreibe damit auf ein Blatt Papier. Wenn jemand später mit einem Füller darüberfährt, wird deine Nachricht sichtbar. Du kannst aber auch Zaubertinte selber herstellen, indem du eine Zitrone auspresst. Tunke einen Pinsel in den Saft und schreibe damit auf Papier. Danach lässt du das Blatt trocknen. Möchtest du die Nachricht sichtbar machen? Dann bügle vorsichtig über das Blatt. Langsam wird die Schrift braun, so dass du sie lesen kannst.

1 Wie viele Arten von Zauberschriften lernst du im Text kennen? Kreise ein.

1 (2) 3 4

2 Im Text ist ein Satz durch einen Klecks verdeckt. Welcher? Kreuze an.

- [ ] Umut gab die Botschaft an Hanna.
- [ ] Anschließend ist die Zitrone richtig schön nass.
- [x] Nun kann niemand mehr deine Worte lesen.
- [ ] Die Schrift des Tintenkillers ist gut zu lesen.

3 Welche Dinge benötigst du, um Zaubertinte herzustellen und die Nachricht sichtbar zu machen? Kreuze die richtige Aufzählung an.

- [ ] Zitronensaft, Wasser, Pinsel, Papier, Bügeleisen
- [ ] Zitronentee, Pinsel, Papier, Bügeleisen
- [x] Zitronensaft, Pinsel, Papier, Bügeleisen

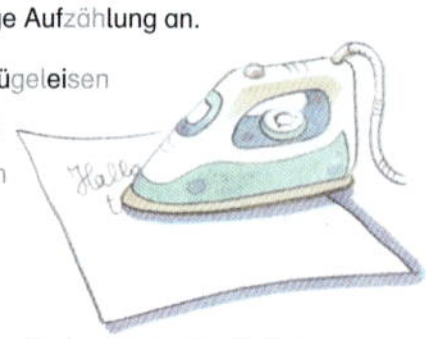

4 Kreuze die richtige Nachricht an.

Leni schreibt eine Geheimbotschaft an Umut. Sie fragt, ob sich die beiden am Nachmittag am Spielplatz treffen wollen. Umut soll seinen Zauberstab mitbringen.

- [ ] Hallo Leni, treffen wir uns heute Nachmittag am Spielplatz? Bring deinen Zauberstab mit. Umut
- [ ] Hallo Leni, treffen wir uns morgen früh am Spielplatz? Bring deinen Zauberstab mit. Leni
- [x] Hallo Umut, treffen wir uns heute Nachmittag am Spielplatz? Bring deinen Zauberstab mit. Leni
- [ ] Hallo Umut, treffen wir uns heute Nachmittag am Sportplatz? Bring deinen Zauberstab mit. Leni

An: Peter.Fiedler@...de
Senden
Betreff: **Eine zauberhafte Pflanze**

Hallo Onkel Peter,

vielen Dank für deine Geburtstagswünsche. Schade, dass du dieses Jahr nicht zu meiner Feier kommen konntest. Du hättest echt gestaunt. Oma hat mir eine ganz besondere Pflanze geschenkt, eine Mimose. Sie ist ganz empfindlich. Fasst man sie an, zieht sie sich zurück. Die kleinen, gefiederten Blätter klappen dann ruckzuck zusammen. Das sieht toll aus. Ein bisschen wie Magie. Es dauert eine halbe Stunde, bis sich die Blätter wieder öffnen. Ich werde es dir zeigen, wenn du nächste Woche aus dem Urlaub wieder da bist.

Bis dann
Deine Hanna

1 Warum hat Hanna eine Mimose geschenkt bekommen?

Sie hatte Geburtstag.

2 Wie beschreibt Hanna die Mimose? Kreise ein.

unempfindlich
längliche Blätter
empfindlich
keine Blätter
rosa Blüte
gefiederte Blätter
kleine Blätter
kleine Blüten
widerstandsfähig
dünner Stiel
langweilige Pflanze
besondere Pflanze
spitze Stacheln

3 Welche W-Fragen beantwortet die E-Mail? Kreuze an.

☒ Was passiert, wenn man die Mimose anfasst?
☒ Wie lange dauert es, bis sich die Blätter wieder öffnen?
☒ Wer hat Hanna die Mimose geschenkt?
☐ Wie oft muss man die Pflanze gießen?

4 Welche ist die richtige Antwortmail von Hannas Onkel? Kreuze an.

Hallo Hanna,
tut mir leid, dass ich nicht zu deinem Namenstag kommen konnte. Wir holen deine Feier nach. Ich freue mich schon drauf, diese fleischfressende Pflanze anzusehen, von der du geschrieben hast.
Viele Grüße. Dein Peter ☐

Hallo Hanna,
nächstes Jahr bin ich auf jeden Fall an deinem Geburtstag da. Ich bin schon gespannt auf die interessante Pflanze, die du von Oma bekommen hast.
Viele Grüße. Dein Peter ☒

Hallo Hanna,
deine Geburtstagsfeier war echt toll. Sie hat mir gut gefallen. Der Kuchen war sehr lecker und die Pflanze, die dir Oma geschenkt hat, ist toll. Ich bin froh, dass ich dabei war.
Viele Grüße. Dein Peter ☐

Der 6. Lesemeister

20 min

Gesucht wird: Nymphe Nele

Nymphe Nele ist ein Wiesen-Naturgeist. Sie ist mittelgroß, hat eine zierliche Figur und blasse Haut. Ihre langen welligen Haare, in denen sie immer einen Kranz aus Gänseblümchen trägt, leuchten rotbraun. Nele hat ein freundlich wirkendes Gesicht. Sie hat große, braune Augen mit langen Wimpern, eine Stupsnase und einen schmalen Mund. Ihre Ohren laufen nach oben hin ein wenig spitz zu. Bekleidet ist Nele mit einem ärmellosen, weißen Kleid aus leichtem Stoff. Nele tanzt gerne durch Wiesen und Wälder. Sie ist ein wohltätiger Geist, der den Menschen hilft und die Natur beschützt. Wer sie gesehen hat, meldet sich bitte an der Information im Zauberwald.

1 Zeigt dieses Bild Nymphe Nele? Kreuze an.

☐ Ja
☒ Nein

2 Vervollständige den Satz.

Nymphe Nele ist ein guter Geist, denn sie hilft den Menschen und beschützt die Natur.

3 Was macht Nele gerne?

Sie tanzt gerne durch Wiesen und Wälder.

Lese-Bonbon

Freimaurer-Code

Es gibt viele Arten von Geheimschriften. Eine Möglichkeit, Botschaften zu verschlüsseln, ist der Freimaurer-Code. Er wird auch als Kästchen-Code bezeichnet.

A	B	C
D	E	F
G	H	I

J.	K.	L.
M.	N.	O.
P.	Q.	R.

S, T, U, V (im X ohne Punkte); W., X., Y., Z. (im X mit Punkten)

Die Punkte und Linien, die einen Buchstaben umgeben, zeichnet man einfach ab.

1 Kannst du diese Botschaft entziffern?

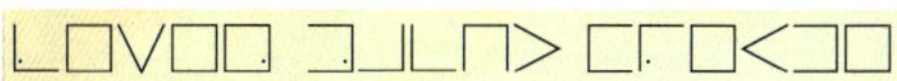

L E S E N M A C H T F R E U D E

Lösungssatz: Lesen macht Freude.

2 Denk dir nun selber ein Wort aus, das du verschlüsseln möchtest. Lass es jemanden entschlüsseln.

individuelle Lösung

Das Übungsheft Lesen 3 – Lösungen (Seite 64)

Lese-Sahnebonbon

1 Trage die Silben aus den Flaschen an den richtigen Plätzen auf den Regalen ein.

Auf dem obersten Regal steht nur eine einzige Flasche. Sie steht in der Mitte. Direkt unter dieser Flasche steht die kleine grüne Flasche. Links davon befindet sich die kleine rosa Flasche. Die beiden blauen Flaschen befinden sich im untersten Regal. Im Gegensatz zu den grünen Flaschen stehen sie nicht nebeneinander. Ganz links im untersten Regal befindet sich eine kleine Flasche. Die große gelbe Flasche steht ganz oben. Unter der kleinen rosa Flasche steht eine gelbe Flasche. Die große rosa Flasche steht auf dem untersten Regal. Vier Plätze bleiben frei.

2 Die Silben in der richtigen Reihenfolge ergeben die Lösung.

Heute ist Ausverkauf im Zauberladen.

55

56

57

58

1. Lesemeister

2. Lesemeister

59

60

61

3. Lesemeister

4. Lesemeister

63

64

5. Lesemeister

6. Lesemeister

Die runden Sticker sind keine Belohnungssticker fürs Wimmelbild. Benutze sie, wie du möchtest.

Mit diesem Heft übt:

SuperStars – Sachtexte

SuperStars sind interessante Sachtexte für Klasse 2 bis 6. Egal ob historische Themen wie „Erik der Rote" oder technische Hintergründe wie in „Raumstationen": Die Texte sind immer spannend, kindgerecht und mit tollen Bildern ergänzt. Die ansprechend aufbereiteten Sachthemen können für viele Kinder eine neue Motivation zum Lesen sein. Mit dem farbigen Silbentrenner können SuperStars von Klasse 2 für leistungsstarke, bis Klasse 6 für leistungsschwächere Kinder eingesetzt werden.

SuperStars – Sachtexte
16,7 x 22,8 cm, je 24 S. vierf., Gh

Warum brechen Vulkane aus?	ISBN 978-3-619-24240-5
Schützt unseren Regenwald	ISBN 978-3-619-24241-2
Regen, Hagel und Schnee	ISBN 978-3-619-24242-9
Tiere der Wüste	ISBN 978-3-619-24220-7
Raumstationen	ISBN 978-3-619-24221-4
Die großen Tierwanderungen	ISBN 978-3-619-24222-1

www.mildenberger-verlag.de/545

Die pfiffige Kartenspiel-Kiste Deutsch

Mit den Karten-Sets können die Kinder verschiedene Spiele spielen. Die kurzen, einfachen Spielregeln ermöglichen einen sofortigen Einsatz der Spiele zu Unterrichtsbeginn, in der Freiarbeit, im Wochenplan und im normalen Deutschunterricht – ob alleine, zu zweit, in der Gruppe oder im Klassenverband. Dabei sind u. a. rasantes Reaktions-, kreatives Denk-, auditives und visuelles Wahrnehmungsvermögen gefragt. Neben dem Spielspaß lernen die Kinder fast nebenbei Buchstaben und Silben zu erlesen, sinnerfassend zu lesen, miteinander zu kommunizieren und sich an Spielregeln zu halten.

Die pfiffige Kartenspiel-Kiste Deutsch
6 Kartenspiele mit jeweils 35 bis 37 Karten
(Format 5,9 x 9,1 cm), in Box (23,2 x 23,2 x 2,5 cm)
ISBN 978-3-619-14226-2

www.mildenberger-verlag.de/284

Das Übungsheft – Klasse 3

Denk- und Rechentraining

- Kleine überschaubare und konzentrierte Trainingseinheiten
- Ansprechende didaktische Gestaltung
- Spiralförmiger Aufbau innerhalb eines Heftes und über die jeweilige Heftreihe
- Abwechslungsreiche fördernde und fordernde Aufgabenformate
- Motivierendes Sticker-Belohnungssystem

Das Übungsheft Mathematik 3
14,8 x 22 cm (größer als DIN A5), 84 S., vierf., Gh,
mit Stickerbogen und Lösungsheft
ISBN 978-3-619-35454-2

www.mildenberger-verlag.de/186

4 Was siehst du auf dem Bild? Kreuze an.

- [ ] Eine Schleiereule, die in ihrem Nabel einen Brief transportiert.
- [ ] Eine Schleiereule, die einen Schnabel in einem Brief transportiert.
- [ ] Eine Schleiereule, die in ihrem Schnabel einen Brief transportiert.
- [ ] Eine Schleiereule, die in ihrem Schnabel einen Brei transportiert.

5 Streiche die falschen Aussagen durch.

Ron hat Harry im Zug kennengelernt.

Ron und Harry waren gerade auf dem Weg zur Internatsschule.

Harry Potter ist in der magischen Welt groß geworden.

Als Baby hat Harry den bösesten Zauberer aller Zeiten vernichtet.

Nur Harry Potter weiß, wie er den bösen Zauberer vernichtet hat.

6 Was wird im Text erwähnt? Kreuze an.

- [ ] Harry Potter ist elf Jahre alt, als er und Ron sich kennenlernen.
- [ ] Ron schreibt den Brief über seine Begegnung mit Harry nach Hause.
- [ ] Ron ist in der Zauberwelt groß geworden.
- [ ] Harry Potter ist ein großer Magier.

15 min

Sensation bei Zauberweltmeisterschaft

Bei der diesjährigen Zauberweltmeisterschaft im Hexenwald kam es zu einer großen Überraschung. Für das Finale am Donnerstag, dem 1. April, qualifizierten sich die beiden erfahrenen Zauberer Samu Salamander und Harry Hokus sowie der erst fünfzehnjährige Nachwuchsmagier Tilo Tabeus. In drei Prüfungen sollten die Zauberer ihr Können unter Beweis stellen.
Da zum Finale allerdings nur Tilo Tabeus erschien, wurde er automatisch zum Sieger ernannt. Wie sich später herausstellte, hatten sich die beiden Favoriten bei einer Übung aus Versehen gegenseitig mit einem Schlafzauber verhext, so dass sie am Finale nicht teilnehmen konnten.

1 Vervollständige den Satz.

Am 1. April war das Finale

der ______________________.

2 Von welchem Zauberer stammt die Aussage? Trage den Namen ein.

„Ich konnte nicht am Finale teilnehmen. Samu hatte mich verhext."
Diese Aussage stammt von: ______________.

3 Streiche die falschen Aussagen durch.

- Die Zauberer sollten im Finale drei Prüfungen ablegen.
- Im Finale standen dieses Jahr vier Zauberer.
- Tilo und Harry galten zuvor als Favoriten.
- Die Zauberweltmeisterschaft fand im Hexenwald statt.

Du hast ____ von 4 Antworten richtig.

Lese-Bonbon

1 Leni, Hanna, Umut, Zarah und Malte haben sich Zauberstäbe gebastelt. Finde heraus, wem welcher Stab gehört. Trage die Namen ein.

Lenis Stab hat dieselbe Farbe wie Zarahs Stab. Maltes Zauberstab ist zweifarbig. Lenis Stab ist größer als Zarahs Stab. Hannas und Zarahs Stäbe haben dieselbe Farbe. Hannas Stab ist kleiner als Zarahs Stab.

2 Was machen die fünf mit den Stäben? Die Lösung steht verschlüsselt in Lenis Stab. Entschlüssele die Botschaft mit dem verschlüsselten Alphabet.

V = verschlüsselt
B = Botschaft

V:	A	B	C	D	E	F	G	H	I	J	K	L	M	N	O	P	Q	R	S	T	U	V	W	X	Y	Z
B:	F	G	H	I	J	K	L	M	N	O	P	Q	R	S	T	U	V	W	X	Y	Z	A	B	C	D	E

Sie geben eine Zauber ______________.

Werwolf Wolli

Wolli ist ein junger Werwolf. Sein Körper ist größer und stärker als der eines gewöhnlichen Wolfes. An Armen und Beinen besitzt er viele Muskeln. Wollis Fell ist weißgrau und ziemlich struppig. Anders als bei anderen Werwölfen sieht sein Gesicht jedoch nicht bedrohlich aus. Wolli hat gelb leuchtende, freundliche Augen und eine große Schnauze. Seine Zähne sind nicht besonders spitz, denn Wolli geht nicht gerne auf die Jagd. Viel lieber heult er den Vollmond an. Das macht ihm viel Spaß. Am liebsten würde er Opernsänger werden.

1 Welcher dieser Werwölfe ist Wolli? Kreuze an.

☐ ☐ ☐

2 Welcher Satz steht genau so im Text? Kreuze an.

☐ Sein Kopf ist größer und stärker als der eines gewöhnlichen Wolfes.

☐ Sein Körper ist größer und stärker als der eines gewöhnlichen Wolfes.

☐ Sein Körper ist größer und stämmiger als der eines gewöhnlichen Wolfes.

☐ Sein Körper ist großartig und stärker als der eines gewöhnlichen Wolfes.

3 Wie sieht Wolli laut Text aus? Kreise die richtigen Bezeichnungen ein.

freundliche Augen | behaarte Ohren | kleine Ohren
struppiges Fell | lange Nase | spitze Zähne
kleine Schnauze | starker Körper | bedrohliches Gesicht
dicker Bauch | gelb leuchtende Augen | zierlicher Körper
feindliche Augen | große Schnauze
muskulöse Arme | muskellose Beine

4 Warum möchte Wolli gerne Opernsänger werden?

Er möchte Sänger werden, weil es ihm Spaß macht,

______________________________.

5 Was erfährst du über Wollis Zähne?

Wollis Zähne sind ______________________________.

6 Kreuze die richtige Aussage an.

☐ Dafür, dass Wolli schon ziemlich alt ist, ist er immer noch stark.

☐ Wolli möchte Opernsänger werden, obwohl er gerne auf die Jagd geht.

☐ Gewöhnliche Wölfe sind kleiner als Werwolf Wolli.

☐ Wolli ist zwar stark und groß, aber andere Wölfe sind größer und stärker.

Hexen-TÜV

Hexe Olivia Holunderwunder muss bald zum Hexen-TÜV. Dort wird überprüft, ob sie noch all ihre Fähigkeiten besitzt. Um gut vorbereitet zu sein, hat sich Olivia eine Liste geschrieben. Folgende Dinge möchte sie noch erledigen oder üben.

- Besenstiel mit Feenhonig leimen
- noch einmal Zickzackflug mit dem Hexenbesen üben
- Sprüche zum Unsichtbarmachen auswendig lernen
- Kräuter für den Verwandlungstrank im Wald pflücken
- Hexenkessel mit Elfenhaar polieren
- nachlesen, wie man Fliegenpilze zum Fliegen bringt

1 Welche Wörter stehen genau so im Text? Kreuze an.

☐ Hexenschülerin	☐ Fähigkeiten	☐ Leiste
☐ Besenstiel	☐ Elfenhonig	☐ leihen
☐ Zickzacklauf	☐ Kräuter	☐ Verwandlungstraum

2 Vervollständige den Satz.

Beim Hexen-TÜV wird kontrolliert, ob die Hexen

noch ______________________________ besitzen.

3 Welche Bilder zeigen Olivia bei der Vorbereitung auf ihre Prüfung? Kreuze an.

☐

☐

☐

☐

4 Streiche die falschen Aussagen durch.

Olivia hat sich eine Liste geschrieben, auf der steht, was sie bereits kann.

Olivia möchte nachlesen, wie man Fliegenpilze zum Fliegen bringt.

Olivia möchte Sprüche auswendig lernen, mit denen man sich sichtbar macht.

5 Was wird im Text erwähnt? Kreuze an.

☐ Die Hexenprüfung dauert drei Stunden.

☐ Olivia möchte ihren Hexenkessel mit Elfenhaar polieren.

☐ An der Prüfung nehmen insgesamt fünf Hexen teil.

Wasser als Verwandlungskünstler

Sicher weißt du schon, dass sich Wasser verwandeln kann. Mal ist es flüssig, mal fest, mal gasförmig. Abhängig ist dies von der Temperatur. Bei einhundert Grad liegt der sogenannte Siedepunkt. Bei dieser Temperatur verwandelt sich das flüssige Wasser in Gas. Das ist der Dampf. Wusstest du, dass am Siedepunkt die Temperatur des Wassers nicht mehr steigt, auch wenn du weitere Energie in das Wasser steckst? Die Temperatur bleibt so lange bei einhundert Grad, bis das ganze Wasser verdampft ist. Die Energie wird gebraucht, um das Wasser in Gas zu verwandeln.

1 Welche Überschriften passen noch? Kreuze an.

- ☐ Wandelbares Wasser
- ☐ Interessantes über Wasser und Strom
- ☐ Wenn Wasser seine Form ändert
- ☐ Wie man aus Wasser Eis macht

2 Vervollständige die Sätze.

Bei Wasser liegt der ______________________ bei einhundert Grad.

Bei einhundert Grad wird flüssiges Wasser zu __________.

passende Überschriften finden; gezielt Informationen entnehmen

3 Welche W-Fragen beantwortet der Text? Kreuze an.

- [ ] Wie hoch ist die Temperatur, wenn Wasser gefriert?
- [ ] Wovon ist die Änderung der Wasserzustände abhängig?
- [ ] Was passiert, wenn das Wasser einhundert Grad erreicht?
- [ ] Wie wird gasförmiges Wasser wieder zu flüssigem Wasser?
- [ ] Welche Formen kann Wasser haben?

4 Was siehst du auf dem Bild? Kreuze an.

- [ ] Das Wasser hat den Siedepunkt erreicht und verdampft.
- [ ] Das Wasser hat den Siegespunkt erreicht und verdampft.
- [ ] Das Wasser hat den Siedepunkt erreicht und verkrampft.
- [ ] Das Wasser hat den Siedeplatz erreicht und verdampft.

5 Stimmen die Aussagen oder nicht? Kreuze an.

	Stimmt	Stimmt nicht
Wasser kann fest sein.	☐	☐
Am Siedepunkt steigt die Temperatur weiter an.	☐	☐
Wasser wird gasförmig, wenn man es einfriert.	☐	☐
Wasser kann sich in Gas und Metall verwandeln.	☐	☐
Am Siedepunkt wird das Wasser zu Eis.	☐	☐

Der verschwundene Stift

Zarah malt in ihrem Zimmer. Plötzlich weht ein kalter Windzug durch den Raum und das Fenster fällt zu. Zarah steht auf, um es zu schließen. Als sie sich wieder an den Schreibtisch setzt, ist ihr Regenbogenstift verschwunden. Verwundert sucht sie unter den Zetteln, Heften und Büchern auf ihrem Schreibtisch. Doch der Stift taucht nicht wieder auf. Spukt es etwa? Wie durch Geisterhand öffnet sich nun auch noch die Tür. Zarah erschrickt und hält den Atem an. Ihr Vater schaut herein. „Hast du mich erschreckt. Ich dachte, du bist ein Gespenst!", ruft sie und erzählt von dem verschwundenen Stift. Der Vater deutet unter den Schreibtisch: „Meinst du diesen?", fragt er grinsend. „Du solltest aufräumen! Dann verschwinden deine Sachen nicht immer."

1 Welcher Satz steht genau so im Text? Kreuze an.

- [ ] Wie durch Geisterhand öffnet sich nun noch die Tür.
- [ ] Wie durch Geisterhand öffnet sich nun auch noch die Tür.
- [ ] Wie durch Geisterbahn öffnet sich nun auch noch die Tür.

2 Warum glaubt Zarah, dass es in ihrem Zimmer spukt? Kreuze an.

- [ ] Weil sie seltsame Geräusche hört und ihr Stift verschwindet.
- [ ] Weil ihr Stift verschwindet und vorher das Fenster zugefallen ist.
- [ ] Weil sie ein Heulen hört, das Fenster zufällt und der Stift verschwindet.

3 Nummeriere die Bilder von 1 bis 4 in der richtigen zeitlichen Reihenfolge.

4 Wo sucht Zarah nach ihrem Stift? Kreise die richtigen Antworten ein.

- unter den Zetteln
- in ihren Heften
- auf dem Fensterbrett
- im Bett
- unter den Büchern im Regal
- unter dem Schreibtisch
- unter ihren Heften
- unter den Büchern auf dem Schreibtisch
- in der Schublade

Der 4. Lesemeister

15 min

www.magischewesen.de

Basilisk	Mischwesen, oft dargestellt mit Hahnenkopf und Schlangenkörper, besitzt tödlichen Blick
Einhorn	edles Fabeltier, ähnelt äußerlich einem Pferd, hat ein Horn auf der Stirn, das Heilkräfte besitzt
Harpye	besitzt den Körper eines Greifvogels und den Kopf einer Frau
Zentaur	starkes, intelligentes Wesen aus griechischen Sagen, mit menschlichem Oberkörper und Unterleib eines Pferdes
Greif	oft dargestellt als geflügeltes Mischwesen mit Kopf und Oberkörper eines Greifvogels, Hinterteil eines Löwen

1 Wie viele der oben genannten Wesen bestehen zum Teil aus einem Vogel? Kreise ein.

1 2 3 4

2 Schreibe die Namen der Wesen unter die Bilder.

Du hast ____ von 4 Antworten richtig.

Lese-Bonbon

1 Verbinde die Wörter zu einem sinnvollen Satz. So findest du den Weg durchs Labyrinth.

SI-KA-MIR

ZES-SIN-PRIN

BO-GEN-RE-GEN

TE-ZER-GLIT-PFO

BLÜ-SOM-TE-MER

2 Am richtigen Ausgang findest du einen Zettel, auf dem steht, wie das Einhorn heißt. Bringe die Silben in die richtige Reihenfolge.

Lösung: Das Einhorn heißt ______________________.

Zaubertrick zum Nachmachen

Hast du Lust, auch einmal zu zaubern? Dann fange mit einem einfachen Trick an. Du musst einen Luftballon vorbereiten. Puste ihn auf und klebe auf eine Stelle ein Stück Klebestreifen. Lade dann jemanden ein, der zuschaut. Du zeigst den Ballon und sprichst ein paar magisch klingende Worte wie z. B. „Abrakadabra“. Ziehe nun eine Nähnadel hervor und stich an der Stelle in den Ballon, an der sich der Klebestreifen befindet. Wie durch ein Wunder zerplatzt der Ballon nicht. Sicher sind alle verblüfft, denn sie haben den Klebestreifen nicht bemerkt.

1 Welche Überschriften passen noch? Kreuze an.

- ☐ Luftschlangentrick
- ☐ Werde selber Zauberkünstler
- ☐ Der Zauberballon
- ☐ Der magische Luftballon
- ☐ Der Trick mit dem Heißluftballon
- ☐ Zaubertrick für Fortgeschrittene

2 Was brauchst du für diesen Trick? Kreuze die richtige Aufzählung an.

- ☐ Nähnadel, Klebestreifen, Heißluftballon, Watte
- ☐ Klebefilm, Luftballon, Nähnadel, Kaugummi
- ☐ Luftballon, Nähnadel, Klebestreifen
- ☐ Luftballon, Stricknadel, Klebestreifen

3 Welche Bilder passen zum Text? Kreuze an.

4 Kreuze die richtige zeitliche Reihenfolge an.

☐ Klebestreifen ankleben. Ballon aufpusten. Zauberworte sagen. Nadel einstechen.

☐ Ballon aufpusten. Klebestreifen ankleben. Nadel einstechen. Zauberworte sagen.

☐ Ballon aufpusten. Klebestreifen ankleben. Zauberworte sagen. Nadel einstechen.

☐ Zauberworte sagen. Klebestreifen ankleben. Nadel einstechen. Ballon aufpusten.

5 Streiche die falschen Aussagen durch.

Nur wenn man „Abrakadabra“ sagt, funktioniert der Trick.

Der Zaubertrick ist nicht besonders schwierig.

Wenn die Leute den Klebestreifen sehen, sind sie verblüfft.

Der Zauberstab

Malte und Umut machen mit ihren Familien einen Spaziergang. Plötzlich entdeckt Malte einen seltsam gebogenen Stock am Wegesrand. Er hebt ihn auf. „Ein Zauberstab!“, ruft er. Umut nickt und sucht sich auch einen Stock. Zusammen überlegen sie, was sie zaubern könnten. Vielleicht etwas zu essen? Malte schwingt seinen Stab und ruft einen Zauberspruch. Im nächsten Moment fällt ihm etwas auf den Kopf und kullert dann auf den Boden: ein dicker roter Apfel. Er ist vom Baum über ihm abgefallen. Umut reißt beeindruckt die Augen auf. „War das Zauberei oder Zufall?“, fragt er. „Wer weiß“, sagt Malte schmunzelnd und teilt seinen Apfel mit Umut.

1 Welche Wörter stehen genau so im Text? Kreuze an.

☐ Familienausflug	☐ Spaziergang	☐ Wegesrand
☐ Zauberspruch	☐ Zauberstock	☐ Kopf
☐ Bogen	☐ Äpfel	☐ beeindruckt

2 Vervollständige den Satz.

Beim ______________________ mit ihren Familien entdecken Umut und Malte ______________, die sie zum Zaubern benutzen wollen.

3 Wie wird Maltes Stock im Text beschrieben? Trage ein.

Maltes Stock ist ______________________________ .

4 Von wem stammt die Aussage? Kreuze an.

Umut ☐ Malte ☐

„Ich habe meinen Stock zuerst gefunden."

Umut ☐ Malte ☐

„Mir ist ein Apfel auf den Kopf gefallen."

Umut ☐ Malte ☐

„Ich habe den Apfel geteilt."

Umut ☐ Malte ☐

„Mein Stock lag nicht am Wegesrand."

Verzaubert

Kurz vor dem großen Zauberfest
gibt es noch den Abschlusstest.
Alle Hexen der dritten Klassen
sollen Besen fliegen lassen.
Als Lola „Hokus Pokus“ spricht,
fliegt ihr Besen aber nicht.
Denn sie muss ganz plötzlich niesen
und dann stehen auf den Wiesen
mit einem Mal zwei rote Drachen,
die gerade Männchen machen.
Durch die Menge geht ein Raunen,
Hexen und auch Lehrer staunen.
Meister Merlin denkt nicht lang,
verschiebt den Test auf irgendwann.
Ein Drache, ja, das ist famos –
da geht direkt die Feier los.

1 Welche Bilder passen zum Text? Kreuze an.

2 In welcher Klasse ist Hexe Lola?

Sie ist in der ____________ Klasse.

3 Stimmt die Aussage oder nicht? Oder wird darüber nichts im Gedicht gesagt? Kreuze an.

	Stimmt	Stimmt nicht	Keine Angabe
Das Fest findet jedes Jahr statt.	☐	☐	☐
Die beiden Drachen sind grün.	☐	☐	☐
Lola niest, weil sie eine Allergie hat.	☐	☐	☐
Der Test wird verschoben.	☐	☐	☐
Die Feier geht direkt los.	☐	☐	☐
Auf der Feier gibt es ein Feuerwerk.	☐	☐	☐

4 Welche W-Fragen beantwortet das Gedicht? Kreuze an.

- ☐ Was müssen die Hexen in ihrem Abschlusstest machen?
- ☐ Welchen Zauberspruch benutzt Lola?
- ☐ Warum fliegt Lolas Besen nicht?
- ☐ Wie heißt Lolas Besen?
- ☐ Was passiert, als Lola niest?
- ☐ Wie viele Drachen erscheinen?
- ☐ Wo stehen die Drachen?
- ☐ Wer verschiebt den Test?
- ☐ Wann verschwinden die Drachen wieder?

Verwandlungskünstler im Tierreich

Nicht nur in Zaubergeschichten können sich Wesen verwandeln, auch in der Natur. Der Schneehase zum Beispiel wechselt die Farbe seines Fells je nach Jahreszeit. Im Winter ist er weiß, im Sommer braun. Chamäleons dagegen ändern ihre Körperfarbe abhängig von Gefühlen oder der Temperatur. Bei Angst und Wut färben sie sich dunkel, bei der Partnersuche bunt.
Noch interessanter ist der Mimik-Oktopus. Er kann nicht nur seine Farbe anpassen, sondern auch seine Körperumrisse, damit er Flundern oder Seeschlangen ähnelt. Was für ein Verwandlungskünstler!

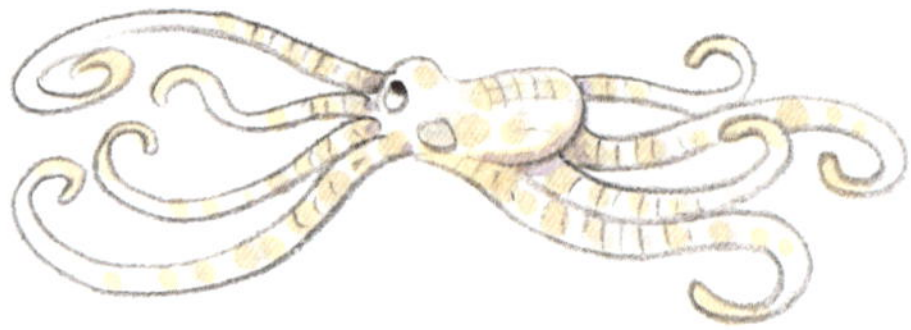

1 Welche Tiere werden im Text erwähnt?
Kreuze die richtige Aufzählung an.

- ☐ Schneeeule, Chamäleons, Flunder, Seeschlange, Mimik-Oktopus
- ☐ Schneehase, Fledermaus, Chamäleons, Mimik-Oktopus
- ☐ Schneehase, Flunder, Chamäleons, Mimik-Oktopus, Seeschlange

2 Was siehst du auf dem Bild? Kreuze an.

- ☐ ein Schneehaus, dessen Fell zur Tarnung weiß geworden ist
- ☐ ein Schneehase, dessen Fell zur Tarnung heiß geworden ist
- ☐ ein Schneehase, dessen Fell zur Tarnung weiß geworden ist
- ☐ ein Schneehase, dessen Fell zum Training weiß geworden ist

3 Schreibe die richtige Jahreszeit unter die Bilder des Schneehasen.

4 Vervollständige den Satz.

Wenn das Chamäleon ängstlich ist, färbt es sich ______.

5 Streiche die falschen Aussagen.

Bei Wut färben sich Schneehasen braun.

Wenn Chamäleons einen Partner suchen, werden sie bunt.

Der Mimik-Oktopus kann seine Körperumrisse ändern.

Der Mimik-Oktopus kann so ähnlich aussehen wie eine Flunder.

6 Was wird im Text erwähnt? Kreuze an.

- ☐ Der Schneehase ändert die Fellfarbe je nach Jahreszeit.
- ☐ Gefühle beeinflussen, wie das Chamäleon sich färbt.
- ☐ Der Mimik-Oktopus färbt sich, um sich zu tarnen.
- ☐ Seeschlangen können ihre Körperfarbe nicht ändern.

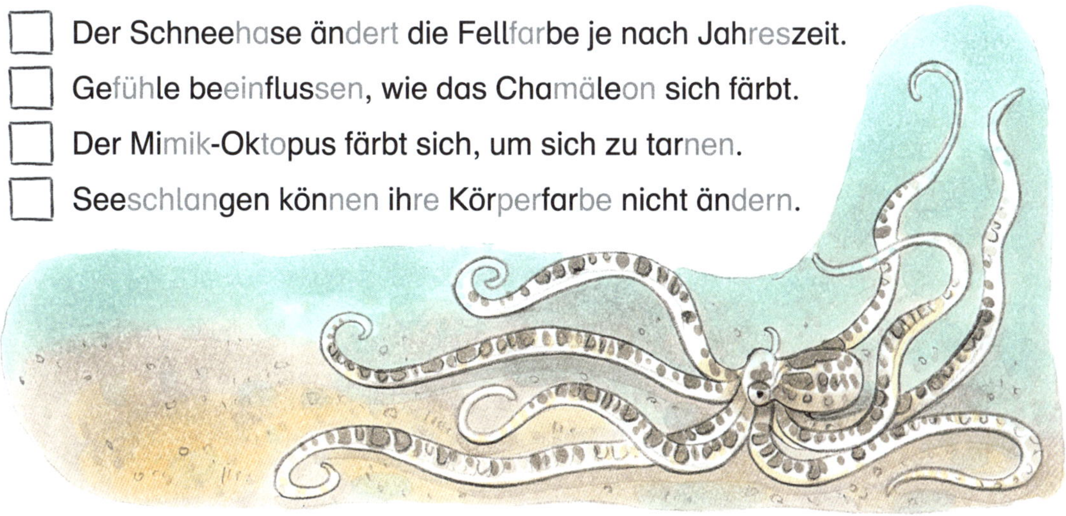

15 min

Warnschilder im Zauberwald

1 Kreuze die richtige Aussage an.

- [ ] Im Nebeltal dürfen sich keine Gespenster aufhalten.
- [ ] Auf der Fußballwiese ist das Feenspielen streng verboten.
- [ ] Wenn man Mondmohn berührt, wird man unsichtbar.

2 Vervollständige den Satz.

Man soll das Quellwasser nicht trinken,

weil es ______________________ .

3 Welche W-Fragen beantworten die Schilder? Kreuze an.

- [ ] Wann ist der Wunschbaum außer Betrieb?
- [ ] Was machen die Weiden im Zauberwald in der Dämmerung?
- [ ] Welche Tiere kreuzen den Weg in den nächsten 2 km?

Du hast ____ von 5 Antworten richtig.

1 Finde das Kaninchen von Zauberkünstler Waldemar.

Waldemar sagt: „Mein Kaninchen ist ganz lieb. Seine blauen Augen leuchten immer, wenn ich ihm Möhren bringe. Seine Ohren haben unterschiedliche Farben. Das sieht süß aus. Und ich mag die braunen Flecken auf seinem weißen Fell.“

Es ist Kaninchen Nummer ☐.

2 Das Kaninchen von Waldemars Bruder sieht fast genau so aus. Es unterscheidet sich lediglich in der Farbe des Fells.

Das Kaninchen von Waldemars Bruder ist Nummer ☐.

Erschreckt!

Das Tollste am Jahrmarkt ist für Jona die Geisterbahn. Er liebt Gespenster, Monster und Vampire. Heute sieht Jona selber aus wie ein Vampir. An einem Stand hat er sich das Gesicht weiß schminken lassen. Und am Mund laufen ihm aufgemalte Blutstropfen herunter. So geht Jona zur Geisterbahn. An der Kasse muss er warten, weil der Verkäufer, von ihm abgewandt, telefoniert. Plötzlich fällt Jona eine Münze herunter. Er bückt sich, doch er kommt nicht an das Geld. Mist! Jetzt hat er nicht genügend Geld für die Fahrt. Jona richtet sich wieder auf. „Mein Euro ist unter Ihren Wagen gerollt", sagt er. Der Verkäufer schreit auf, als er Jona sieht. „Hast du mich erschreckt!", lacht er dann. Er überlegt kurz und sagt: „Gut. Du kommst für den halben Preis rein, weil du so gruselig aussiehst. Das ist gute Werbung für die Geisterbahn."

1 Welche Überschriften passen noch? Kreuze an.

- ☐ Schreck vor der Geisterbahn
- ☐ Jona und der Vampir
- ☐ Glück im Unglück
- ☐ Ein lustiger Geist

2 Warum erschreckt sich der Verkäufer? Kreuze an.

- ☐ Weil Jona plötzlich auftaucht und eine gruselige Grimasse zieht.
- ☐ Weil Jona ihm einen Streich gespielt hat.
- ☐ Weil Jona plötzlich auftaucht und gruselig aussieht.
- ☐ Weil Jonas Geld unter den Wagen gerollt ist.

3 Nummeriere die Bilder von 1 bis 4 in der richtigen zeitlichen Reihenfolge.

4 Stimmt die Aussage oder nicht?
Oder wird darüber nichts im Text gesagt? Kreuze an.

	Stimmt	Stimmt nicht	Keine Angabe
Jona hält zwei Euro in der Hand.	☐	☐	☐
Jona fällt eine Ein-Euro-Münze runter.	☐	☐	☐
Jona hat sich daheim weiß geschminkt.	☐	☐	☐
Der Verkäufer erschreckt sich vor Jona.	☐	☐	☐

Zauberschrift

Um in Zauberschrift zu schreiben, musst du kein Zauberer sein. Mit ein paar einfachen Tricks kannst auch du geheime Botschaften verfassen. Das funktioniert zum Beispiel mit einem Tintenkiller. Benutze die weiße Seite deines Stiftes. Schreibe damit auf ein Blatt Papier. Wenn jemand später mit einem Füller darüberfährt, wird deine Nachricht sichtbar. Du kannst aber auch Zaubertinte selber herstellen, indem du eine Zitrone auspresst. Tunke einen Pinsel in den Saft und schreibe damit auf Papier. Danach lässt du das Blatt trocknen. [illegible] Möchtest du die Nachricht sichtbar machen? Dann bügle vorsichtig über das Blatt. Langsam wird die Schrift braun, so dass du sie lesen kannst.

1 Wie viele Arten von Zauberschriften lernst du im Text kennen? Kreise ein.

1 2 3 4

2 Im Text ist ein Satz durch einen Klecks verdeckt. Welcher? Kreuze an.

- ☐ Umut gab die Botschaft an Hanna.
- ☐ Anschließend ist die Zitrone richtig schön nass.
- ☐ Nun kann niemand mehr deine Worte lesen.
- ☐ Die Schrift des Tintenkillers ist gut zu lesen.

3 Welche Dinge benötigst du, um Zaubertinte herzustellen und die Nachricht sichtbar zu machen? Kreuze die richtige Aufzählung an.

- ☐ Zitronensaft, Wasser, Pinsel, Papier, Bügeleisen
- ☐ Zitronentee, Pinsel, Papier, Bügeleisen
- ☐ Zitronensaft, Pinsel, Papier, Bügeleisen

4 Kreuze die richtige Nachricht an.

Leni schreibt eine Geheimbotschaft an Umut. Sie fragt, ob sich die beiden am Nachmittag am Spielplatz treffen wollen. Umut soll seinen Zauberstab mitbringen.

Hallo Leni,
treffen wir uns heute Nachmittag
am Spielplatz? Bring deinen
Zauberstab mit.
Umut

☐

Hallo Leni,
treffen wir uns morgen früh
am Spielplatz? Bring deinen
Zauberstab mit.
Leni

☐

Hallo Umut,
treffen wir uns heute
Nachmittag am Spielplatz?
Bring deinen Zauberstab mit.
Leni

☐

Hallo Umut,
treffen wir uns heute
Nachmittag am Sportplatz?
Bring deinen Zauberstab mit.
Leni

☐

An	Peter.Fiedler@...de	Senden
Betreff	**Eine zauberhafte Pflanze**	

Hallo Onkel Peter,

vielen Dank für deine Geburtstagswünsche. Schade, dass du dieses Jahr nicht zu meiner Feier kommen konntest. Du hättest echt gestaunt. Oma hat mir eine ganz besondere Pflanze geschenkt, eine Mimose. Sie ist ganz empfindlich. Fasst man sie an, zieht sie sich zurück. Die kleinen, gefiederten Blätter klappen dann ruckzuck zusammen. Das sieht toll aus. Ein bisschen wie Magie. Es dauert eine halbe Stunde, bis sich die Blätter wieder öffnen. Ich werde es dir zeigen, wenn du nächste Woche aus dem Urlaub wieder da bist.

Bis dann
Deine Hanna

1 Warum hat Hanna eine Mimose geschenkt bekommen?

Sie hatte ______________________.

2 Wie beschreibt Hanna die Mimose? Kreise ein.

unempfindlich
keine Blätter
längliche Blätter
empfindlich
rosa Blüte
gefiederte Blätter
kleine Blätter
kleine Blüten
widerstandsfähig
dünner Stiel
langweilige Pflanze
besondere Pflanze
spitze Stacheln

3 Welche W-Fragen beantwortet die E-Mail? Kreuze an.

☐ Was passiert, wenn man die Mimose anfasst?

☐ Wie lange dauert es, bis sich die Blätter wieder öffnen?

☐ Wer hat Hanna die Mimose geschenkt?

☐ Wie oft muss man die Pflanze gießen?

4 Welche ist die richtige Antwortmail von Hannas Onkel? Kreuze an.

Hallo Hanna,
tut mir leid, dass ich nicht zu deinem Namenstag kommen konnte. Wir holen deine Feier nach. Ich freue mich schon drauf, diese fleischfressende Pflanze anzusehen, von der du geschrieben hast.
Viele Grüße. Dein Peter ☐

Hallo Hanna,
nächstes Jahr bin ich auf jeden Fall an deinem Geburtstag da. Ich bin schon gespannt auf die interessante Pflanze, die du von Oma bekommen hast.
Viele Grüße. Dein Peter ☐

Hallo Hanna,
deine Geburtstagsfeier war echt toll. Sie hat mir gut gefallen. Der Kuchen war sehr lecker und die Pflanze, die dir Oma geschenkt hat, ist toll. Ich bin froh, dass ich dabei war.
Viele Grüße. Dein Peter ☐

20 min

Gesucht wird: Nymphe Nele

Nymphe Nele ist ein Wiesen-Naturgeist. Sie ist mittelgroß, hat eine zierliche Figur und blasse Haut. Ihre langen welligen Haare, in denen sie immer einen Kranz aus Gänseblümchen trägt, leuchten rotbraun. Nele hat ein freundlich wirkendes Gesicht. Sie hat große, braune Augen mit langen Wimpern, eine Stupsnase und einen schmalen Mund. Ihre Ohren laufen nach oben hin ein wenig spitz zu. Bekleidet ist Nele mit einem ärmellosen, weißen Kleid aus leichtem Stoff. Nele tanzt gerne durch Wiesen und Wälder. Sie ist ein wohltätiger Geist, der den Menschen hilft und die Natur beschützt. Wer sie gesehen hat, meldet sich bitte an der Information im Zauberwald.

1 Zeigt dieses Bild Nymphe Nele? Kreuze an.

☐ Ja

☐ Nein

2 Vervollständige den Satz.

Nymphe Nele ist ein guter Geist, denn sie

_______________________________ und

_______________________________.

3 Was macht Nele gerne?

Sie _______________________________

_______________________________.

Du hast ____ von 3 Antworten richtig.

Freimaurer-Code

Es gibt viele Arten von Geheimschriften. Eine Möglichkeit, Botschaften zu verschlüsseln, ist der Freimaurer-Code. Er wird auch als Kästchen-Code bezeichnet.

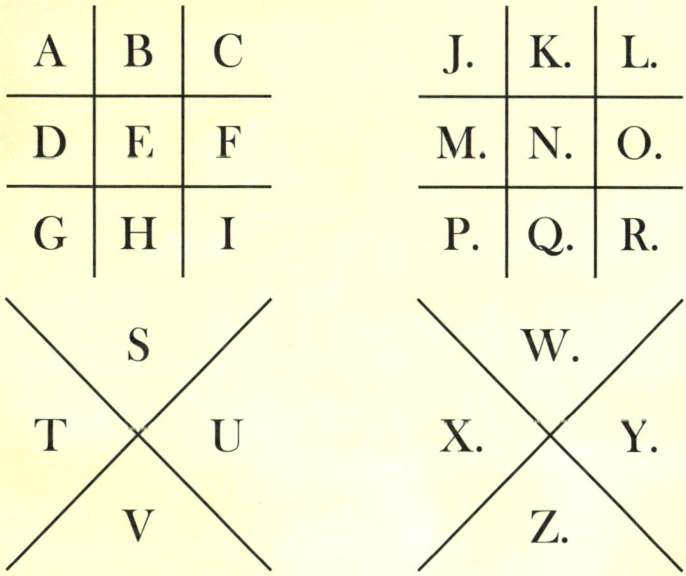

Die Punkte und Linien, die einen Buchstaben umgeben, zeichnet man einfach ab.

1 Kannst du diese Botschaft entziffern?

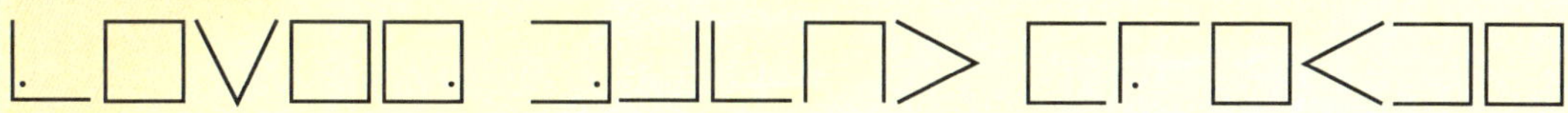

_ _ _ _ _ _   _ _ _ _ _   _ _ _ _ _ _

Lösungssatz: ______________________.

2 Denk dir nun selber ein Wort aus, das du verschlüsseln möchtest. Lass es jemanden entschlüsseln.

1 Trage die Silben aus den Flaschen an den richtigen Plätzen auf den Regalen ein.

Auf dem obersten Regal steht nur eine einzige Flasche. Sie steht in der Mitte. Direkt unter dieser Flasche steht die kleine grüne Flasche. Links davon befindet sich die kleine rosa Flasche. Die beiden blauen Flaschen befinden sich im untersten Regal. Im Gegensatz zu den grünen Flaschen stehen sie nicht nebeneinander. Ganz links im untersten Regal befindet sich eine kleine Flasche. Die große gelbe Flasche steht ganz oben. Unter der kleinen rosa Flasche steht eine gelbe Flasche. Die große rosa Flasche steht auf dem untersten Regal. Vier Plätze bleiben frei.

2 Die Silben in der richtigen Reihenfolge ergeben die Lösung.

Heute ist ______________________.